MANUAL PARA MINISTROS DEL AMBIENTE LITÚRGICO

SEGUNDA EDICIÓN

Corinna Laughlin

Mary Patricia Storms

Paul Turner

Nihil Obstat
Rev. Sr. Daniel G. Welter, JD
Canciller
Arquidiócesis de Chicago
30 de julio de 2021

Imprimatur
Obispo Auxiliar Robert G. Casey
Vicario General
Arquidiócesis de Chicago
30 de julio de 2021

Nihil Obstat e *Imprimatur* son declaraciones canónicas de la Iglesia, de que el libro está libre de errores doctrinales y morales, conforme al canon 827. Quienes las extienden no signan el contenido, opiniones o expresiones vertidos en la obra, ni asumen responsabilidad legal alguna asociada con la publicación.

La sección de recursos y el glosario fueron preparados por Dennis C. Smolarski, SJ, y Joseph DeGrocco, y adoptados por el editor. Algunas de las preguntas para conversar y reflexionar las proveyeron Mary G. Fox y Lorie Simmons.

Foto de portada: Matthew Merz © LTP. Fotos en las págs. 2, 7, 11, 27, 52, 63 y 69: © John Zich; en pág. 10 y 62: Matthew Merz © LTP; en pág. 61: Andrew Lewis © LTP; en pág. 19: Livioandronico / Wikimedia Commons; en pág. 50: L. Simmons © LTP. Arte lineal en págs. 33, 35 y 54: Larry Cope © LTP.

Traducción de José Castillo.

Edición: Ricardo López; cuidado de la edición: Víctor R. Pérez; diseño: Anna Manhart; diagramado: Kari Nicholls.

Este libro pertenece a la Serie el ministerio litúrgico™

25 24 23 22 21   1 2 3 4 5

Impreso en los Estados Unidos de América

Número de la Biblioteca del Congreso: 2021936261

ISBN: 978-1-61671-597-7

SLMLE2

Contenido

Prefacio

Cristo es imagen del Dios invisible.

—*Colosenses* 1:15

La construcción y decoración de un lugar de culto a Dios requiere devoción, imaginación y sacrificio. Jesús lo sabía bien. Por ser Hijo de Dios, apreciaba la fe que movía a voluntarios y artesanos a decorar el espacio de culto más preciado de su época: el templo de Jerusalén. Pero conforme se acercaba al final de su vida, Jesús tenía otras cosas en mente. Enseñó que el amor era el mayor mandamiento.[1] Resucitó a Lázaro de entre los muertos.[2] Denunció a los escribas y fariseos.[3] Anunció persecuciones y señales aterradoras que presagiarían la venida del Hijo del Hombre.[4]

La ciudad de Jerusalén probablemente deslumbró a Jesús al principio de su vida; él era un niño cuando literalmente se perdió en el templo.[5] Pero ahora estaba más familiarizado con la urbe. Conocía su belleza y sus engaños. Conocía sus esperanzas e intrigas. Conocía sus atajos y callejones, las casas prolijas y los áticos sombríos. Pudo haber guiado a quienes la visitaban por primera vez, recorriendo sus maravillas grandes y pequeñas. Pero ahora, Jesús tenía una cita con una cruz y no estaba de humor como para ir a deambular por ella.

Pero otros sí. Habían llegado algunos turistas y miraban boquiabiertos el templo, mientras Jesús estaba a su sombra. Escuchó sus comentarios. Admiraban el tamaño del edificio, calculaban el peso y costo de las piedras. Otro más veía lo elaborado del decorado interior. Los fieles lo habían tapizado con ofrendas votivas, mostrando sus esperanzas y oraciones.[6]

Se necesitaba dinero para embellecer los espacios del culto. La gente adinerada se encargó de que el templo luciera su mejor ornato. Sus ofrendas mostraban fuerza de fe, amor por las artes y voluntad por embellecer la santidad del templo. Sus donativos incluso mostraban amor por los desfavorecidos, cuya fe se avivaría al acercase a ese lugar tan engalanado: aquellos signos de cariño y respeto a la vista de ricos y pobres por igual, desafiaban a todos a destinar sus mayores recursos para alabar a Dios.

1. Marcos 12:29–31.
2. Juan 11:43–44
3. Mateo 23:2–3.
4. Lucas 21:9–28
5. Lucas 2:46
6. Lucas 21:5.

Los turistas lo observan todo. Jesús podría confirmar sus percepciones. Lo había hecho con el escriba que dijo que amar a Dios y al prójimo era más importante que todos los holocaustos y sacrificios, y al que Jesús le dijo: "No estás lejos del reino de Dios".[7] Ésa habría sido una palabra alentadora para estos turistas.

O habría podido decir él: "Sí, y como la Palabra encarnada, soy muy consciente de toda la habilidad y el sacrificio que se requirió para hacer este edificio con su bella decoración".

Incluso habría podido decir: "Tienen razón. Este es el edificio más impresionante del hemisferio norte", aunque no sabían mucho sobre los hemisferios en esos días.

Jesús habría podido decir algo para levantarles el ánimo. Habría podido disertado sobre la contribución del arte a la fe, o sobre la importancia de reservar un lugar central para que los visitantes pudieran dar culto. Él habría podido ordenarles que dejaran de mirar y comenzaran a alabar al Dios que tan maravillosamente creó a las personas que con tanta habilidad engalanaron el templo.

Pero Jesús no hizo nada de eso. En cambio, Jesús, ese que nació en un pesebre sin adornos, el que de adulto no tenía dónde reclinar la cabeza, el que era capaz de dormitar en un barco azotado por la tormenta en el mar y que sentía el peso de su inminente crucifixión; ese Jesús austero les dió un mensaje diferente:

"De todo lo que ven aquí" (los turistas se detienen una vez más para contemplar toda la amplitud del edificio, no sólo sus partes individuales, las piedras y las ofrendas votivas, sino la totalidad, su porte en el paisaje, los rayos del sol, la multitud incesante de adoradores inhalando espíritu y exhalando vida), "De todo lo que ven aquí", dijo Jesús, "vendrán días en que no quede piedra sobre piedra sin derribar".[8]

No fue la reacción que esperaban. Y Jesús los enfrascó en una conversación sobre cosas más importantes: cuándo sucedería esto, cómo lo sabrían y cómo deberían vivir.

El templo era un hermoso lugar de adoración. Una iglesia también lo es. Cuando está bien construida y decorada dignamente, conmueve. Hace olvidar el tiempo y el lugar. Mueve a apreciar lo que Dios ha creado. Infunde el espíritu de quienes construyeron el edificio. Y, lo más importante, hace que uno se pregunte por la eternidad: ¿Cuándo vendrá Cristo? ¿Cómo lo sabremos? ¿Cómo debo vivir yo?

7. Marcos 12:33–34.
8. Lucas 21:6.

Cómo usar este libro

Sea bienvenido a esta guía para ministros del entorno litúrgico. Su trabajo embellece la casa de Dios e inspira a quienes se reúnen para rendirle culto. Este libro le ayudará a usted en ese trabajo.

Gran parte de lo que usted hace es transitorio. Sí, el edificio está construido para durar y la mayor parte del mobiliario también. Pero las flores se abren y se marchitan. Los colores litúrgicos cambian con los tiempos litúrgicos. El próximo párroco tal vez tenga una idea diferente en cuanto la ubicación del ambón. Incluso los aspectos más permanentes del edificio están sujetos a las inclemencias del tiempo, las fallas de construcción y las agresiones de los vándalos. Jesús predijo que no quedaría una piedra sobre otra de aquel templo. Pero la ambientación litúrgica nunca es un beneficio en sí misma. Su naturaleza frágil busca acercarse a algo que perdura y rinde homenaje a Aquel que es el mismo ayer, hoy y siempre.

Los turistas que Jesús encontró en el templo fijaban la atención en el esplendor de éste. Aun hoy estamos tentados a pensar en el ministerio del arte y la arquitectura litúrgicos como un ejercicio de ostentación. Pero a menudo, menos es más. El entorno debe inducir a la gente a sumergirse en la liturgia y celebrar la fe. La fe de usted guiará ambos extremos de su trabajo: lo sencillo y lo elaborado. Entonces su trabajo infundirá fe a otros.

Usted trabaja con el espacio y el tiempo. Dentro de la iglesia, decora el presbiterio de modo diferente a la nave. Arregla el cuarto de la reconciliación como un entorno más íntimo que el vestíbulo.

Los tiempos litúrgicos afectan su trabajo. El año litúrgico dicta la decoración: la sencillez de la Cuaresma contrasta con la exuberancia de la Navidad. Usted realza la imagen de un santo en una fecha de importancia local. Usted regula la ambientación exterior todo el año.

Para hacerlo, permita que las estaciones del año lo afecten a usted. Usted hace esto de forma natural cada vez que arma un árbol de Navidad, disfraza a un niño para Halloween o viste los colores patrios el Día de la Independencia. En la iglesia, usted sigue el año litúrgico rezando con los textos bíblicos básicos y trabajando con los símbolos fundamentales. Usted estudia las lecturas de la Vigilia Pascual para escoger las imágenes visuales para este tiempo. En Cuaresma acepta el espíritu de arrepentimiento para crear un espacio donde otros puedan arrepentirse. Usted piensa en el verdadero sentido de la Navidad para darle un foco al diseño de la celebración. Comienza con el tiempo litúrgico, lo acoge en su corazón, y luego usted lo expresa en la ambientación litúrgica.

A veces usted dispone de muy poco tiempo para transformar el entorno. El Adviento da paso a la Navidad de un día a otro. Después del Jueves Santo se desnuda a la iglesia de todo exceso, pero en la Vigilia Pascual resplandece con efusión incontenible.

Este libro le ayudará a pensar en su ministerio de la ambientación litúrgica. Le dirá qué es importante y por qué y cómo esto ha cambiado en la historia. Usted encontrará su lugar en la serie histórica de hombres y mujeres ilustres que crearon y enriquecieron una variedad de lugares para orar. Recibirá consejos prácticos. Aprenderá las diversas formas de transformar el espacio litúrgico según los tiempos, ritos y personas de las diferentes culturas allí reunidas para celebrar. Conforme usted haga la iglesia más atractiva al ojo humano, más propicia la hará para comunicar los misterios divinos.

Usted también recibirá orientación espiritual. Este libro lo ayudará a orar por su trabajo, a reflexionar las Escrituras y las oraciones de la misa, a discernir los símbolos principales y a conectar las necesidades actuales con la tradición de la Iglesia. Apoyará su espíritu de servicio y su identidad de discípulo de Cristo Jesús.

Cuando el rey David dijo a Dios que quería construir un templo, Dios casi se le rió porque él nunca[1] había habitado una casa. A Dios no le hace falta un edificio, pero a nosotros sí. Necesitamos edificios sagrados que combinen elementos de la naturaleza con el ingenio humano, espacios que nos hagan volver a lo central: quiénes somos y por qué. Al preparar el espacio sagrado de su iglesia para el culto, usted también ayuda a preparar los corazones de los fieles para que se sientan como en casa con Dios y lo alaben dignamente.

Para transmitir el mensaje que Cristo le ha confiado, la Iglesia tiene necesidad del arte. En efecto, debe hacer perceptible, más aún, fascinante en lo posible, el mundo del espíritu, de lo invisible, de Dios. Debe por tanto acuñar en fórmulas significativas lo que en sí mismo es inefable. Ahora bien, el arte posee esa capacidad peculiar de reflejar uno u otro aspecto del mensaje, traduciéndolo en colores, formas o sonidos que ayudan a la intuición de quien contempla o escucha. Todo esto, sin privar al mensaje mismo de su valor trascendente y de su halo de misterio

—Juan Pablo II, *Carta a los artistas*, 12

Los autores

Corinna Laughlin escribió el capítulo 1 y la explicación de cómo usar un Ordo en "Preguntas frecuentes". Ella es asistente pastoral de liturgia de la Catedral de St. James en Seattle, Washington, y consultora de liturgia para la Arquidiócesis de Seattle. Ha escrito extensamente para Liturgy Training

1. 2 Samuel 7:6.

Publications, agencia de la Arquidiócesis de Chicago, y ha contribuido con artículos en *Pastoral Liturgy*®, *Ministry and Liturgy* y otras publicaciones. Tiene un doctorado en Inglés por la Universidad de Washington.

Mary Patricia Storms escribió la descripción y explicación de los deberes de los ministros del entorno litúrgico en el capítulo 3 y la mayoría de las "Preguntas frecuentes". También proporcionó la lista de recursos y el glosario. Ella es asociada pastoral para la formación de adultos en la parroquia Our Lady of the Presentation en Lee's Summit, Missouri. Allí, además de dirigir varios programas de formación en la fe para adultos, continúa practicando y desarrollando su experiencia en la ambientación litúrgica. Graduada de la Universidad Rockhurst y la Universidad de Missouri–Kansas City, tiene una maestría en Curriculum e Instrucción.

Paul Turner escribió el prefacio, "Cómo usar este recurso", y los capítulos 2 y 4. Es párroco de la catedral de la Inmaculada Concepción de Kansas City, Missouri, y director de la oficina de culto divino de la Diócesis de Kansas City–San José. Su doctorado en Teología Sagrada lo obtuvo de Sant'Anselmo en Roma. Además de ser autor de numerosos recursos pastorales y teológicos, se desempeña como facilitador de la Comisión Internacional de Inglés en la Liturgia.

Preguntas para conversar y reflexionar

1. ¿Por qué ha aceptado usted servir de ministro de la ambientación litúrgica en su iglesia? ¿Qué dones, habilidades o intereses lo han traído a este ministerio?
2. ¿Qué espera obtener en su comprensión de la teología y función del ministerio mediante este libro?

Capítulo uno

Su ministerio y la liturgia

La liturgia es fuente y cumbre de la vida cristiana.

—*Lumen gentium*, 11

Usted lee este libro porque ha sentido el llamado a servir a su parroquia como ministro del ambiente litúrgico. O tal vez ya sirva de esta manera y quiera volver a considerar los principios y las mejores prácticas de este ministerio. Lo seguro es que usted está leyendo este libro porque la liturgia le importa.

¿Qué es la liturgia?

En los diccionarios, de una forma u otra, usted podrá leer que la liturgia es una serie de ritos empleados en el culto público. Y eso es verdad. Pero en la liturgia, hay mucho más que eso. La palabra *liturgia* viene de una voz griega que significa "obra pública" u "obra del pueblo". Esto nos ayuda más, pues la liturgia es un trabajo muy especial en el que lo divino y lo humano se unen. Nosotros hacemos algo y, lo que es más importante, Dios hace algo. La liturgia no es una cosa; la liturgia es un *evento*. Por eso preguntamos: ¿Qué *hace* la liturgia?

La liturgia nos congrega en la presencia de Dios. Al hablar de la Eucaristía, ya la *Didajé* del siglo II enfatiza el reunirse: "Como este pan fue repartido sobre los montes, y, recogido, se hizo uno, así sea recogida tu Iglesia desde los límites de la tierra en tu reino".[1] Aquí el pan eucarístico, formado con muchos granos de trigo, es imagen de lo que debemos ser: individuos dispares que se vuelven algo nuevo: una asamblea que rinde culto. En la Biblia, la reunión del pueblo de Dios es una señal de la irrupción del Reino de Dios. Considere la visión de Isaías del gran banquete en la cima de una montaña.[2] Piense en Jesús alimentando a las multitudes[3] o en los discípulos reunidos en oración en la estancia superior en el primer Pentecostés.[4] Cuando Dios congrega a su pueblo, algo sucede. Lo mismo es cierto de la liturgia. Antes de que se pronuncie una palabra o se cante una nota, la liturgia ya es un signo del Reino de Dios porque nos une.

En ella [la liturgia] los signos sensibles significan y, cada uno a su manera, realizan la santificación…

—*Sacrosanctum concilium*, 7

1. *Didaché: Doctrina de los Doce apóstoles*, 9; disponible en https://mercaba.org/TESORO/didaje.htm#_Toc74525508 (acceso de 4-15-20).
2. Ver Isaías 25:6–9.
3. Ver Mateo 14:13–21, Marcos 6:30–44, Lucas 9:10–17 y Juan 6:1–15.
4. Ver Hechos de los Apóstoles 2:1–11.

La liturgia ayuda a conformarnos en comunidad. El acto de congregarnos a la mesa, de compartir la Palabra de Dios, de ser una sola voz que ora, canta y dialoga, tiene un impacto en nosotros. Mediante esta acción compartida en la liturgia aprendemos a reconocernos unos con otros como una familia de creyentes, el Cuerpo místico de Cristo, y a unirnos en nuestras acciones también fuera de la iglesia. Nos unimos a la liturgia porque somos comunidad, pero lo contrario también es cierto: sin la liturgia, no somos comunidad.

La liturgia es ordinaria y cósmica. La liturgia toma las cosas más cotidianas: nuestro cuerpo y voz, luz y oscuridad, agua y fuego; pan, vino y aceite, hasta el tiempo, y, por la acción del Espíritu Santo, transforma todo ello en la presencia de Dios mismo. La liturgia nos enseña a ver que todo el universo está marcado con la presencia de Cristo. Las "semillas" de Dios están por todas partes. La materia de nuestra santidad no es lejana, remota ni arcana. Lo ordinario es santo.

La liturgia cristiana trata siempre del misterio pascual. En el corazón de toda oración cristiana está el misterio pascual, es decir, la vida, la muerte y la resurrección de Cristo. Sea nuestra oración la misa, la liturgia de las horas, el día de un santo, un sacramento; sea el tiempo de Adviento o Navidad, la Cuaresma, el Triduo o el tiempo de Pascua, la liturgia siempre trata del misterio pascual. ¿Por qué es tan importante el Misterio pascual? Porque, en palabras de san Pablo, "Y si Cristo no ha resucitado, la fe de ustedes es ilusoria, y sus pecados no han sido perdonados".[5] El Misterio pascual es el gozne de la historia humana; es el dinamismo que da sentido a nuestra vida y anima nuestro culto. Nos reunimos para realizar la liturgia que nos sumerge, una y otra vez, en el Misterio pascual de Cristo.

En la liturgia, nos encontramos con Cristo. Cristo siempre está junto a los que creen: Jesús dijo: "Si alguien me ama cumplirá mi palabra, mi Padre lo amará, vendremos a él y habitaremos en él".[6] Pero, en la celebración de la Eucaristía, Cristo está presente de una manera especial. De hecho, la Iglesia subraya *cuatro* presencias de Cristo en la misa. Cristo está presente en la comunidad reunida para la oración; Cristo viene a nosotros en el otro. En la misa, Cristo está presente en el sacerdote, que actúa *in persona Christi*, en

5. 1 Corintios 15:17.
6. Juan 14:23.

la persona de Cristo. Cristo está presente en la palabra proclamada: "Cuando se leen en la Iglesia las Sagradas Escrituras, Dios mismo habla a su pueblo, y Cristo, presente en su palabra, anuncia el Evangelio".[7] Y de una manera singular, Cristo está presente en el pan y el vino consagrados, su Cuerpo y Sangre verdaderos. Mediante nuestra participación en este misterio, nos encontramos con Cristo de muchas maneras para convertimos en lo que recibimos: el Cuerpo de Cristo.

La liturgia es el culto de la Iglesia. La liturgia tiene su propia forma. Por ser la oración oficial de la Iglesia universal, se rige por normas universales. La mayoría de los textos que escuchamos en la misa, con algunas excepciones significativas como la homilía y la Oración universal, están escritos y son los mismos en todo el mundo. No sólo las palabras sino la mayoría de las acciones litúrgicas son las mismas en todas partes: de pie, sentado y de rodillas. Los libros litúrgicos incluyen muchas rúbricas (de la palabra latina correspondiente a "rojo", porque estas instrucciones suelen imprimirse en tinta roja), que instruyen sobre cómo y dónde ocurre cada parte de la liturgia. Todo ello debería recordarnos que la liturgia no pertenece a ninguna persona, sacerdote o parroquia. La liturgia es la oración de la Iglesia entera, a la vez que es *nuestra* oración. En palabras del Concilio Vaticano II, la liturgia "contribuye en sumo grado a que los fieles expresen en su vida, y manifiesten a los demás, el misterio de Cristo y la naturaleza auténtica de la verdadera Iglesia".[8] La liturgia es nuestro medio de expresión con Cristo y en Cristo. En otras palabras, la liturgia es el idioma que hablamos todos los católicos.

La principal manifestación de la Iglesia se realiza en la participación plena y activa de todo el pueblo santo de Dios en las mismas celebraciones litúrgicas, particularmente en la misma Eucaristía.

—*Sacrosanctum concilium*, 41

La liturgia es muy variada. La liturgia, aunque se rige cuidadosamente por los libros litúrgicos, jamás es monótona; siempre cambia, con diferentes lecturas para cada día del año y diferentes oraciones para la mayoría de los días. A lo largo del año litúrgico, la Iglesia nos invita a meditar diferentes aspectos del misterio de Cristo, desde su concepción hasta su segunda venida. ¡La liturgia es multicolor!

La más importante de las liturgias de la Iglesia es la Eucaristía. Las liturgias de la Iglesia también incluyen ritos como los del *Rito de la iniciación cristiana de adultos* y el *Ritual de exequias cristianas*; también contienen celebraciones de los otros sacramentos, desde el bautismo, la confirmación y la eucaristía hasta la unción de los enfermos, la penitencia, el matrimonio y el orden sacerdotal. Agreguemos que la Liturgia de las Horas, recitada a diario

7. IGMR, 29.
8. Ver *Sacrosanctum concilium* (SC), 2.

por diáconos, sacerdotes, obispos, religiosos y muchos laicos, integra la liturgia de la Iglesia que santifica las horas de cada día mediante la oración.

La liturgia se distingue de las devociones. En la Iglesia hay una rica y maravillosa variedad de oraciones devocionales, como novenas, coronillas, el Rosario y el Vía Crucis, que enriquecen nuestra oración y facilitan acercarnos a Cristo y a su Madre Santísima. El Rosario, por ejemplo, tiene un lugar especial en la vida de la Iglesia, ya que, en palabras de san Juan Pablo II, sirve de excelente introducción y eco fiel de la Liturgia, pues ayuda a que las personas la vivan con plena participación interior, y puedan cosechar sus frutos en la vida diaria.[9] Estas devociones enriquecen la vida espiritual, pero nunca deben reemplazar nuestra participación en la liturgia.

La liturgia refleja y da forma a nuestra fe. Un erudito medieval expresó esto en una frase que se ha hecho famosa: *lex orandi, lex credendi*, que puede traducirse libremente como "la ley de orar da forma a la ley del creer". En otras palabras, la forma en que oramos informa nuestra teología. Si usted observa las notas a pie de página en los documentos del Concilio Vaticano II y en el *Catecismo de la Iglesia Católica*, notará que las fuentes citadas para las enseñanzas clave no sólo incluyen la Biblia y las enseñanzas de los papas y los concilios, sino oraciones de la misa. La liturgia es una escuela de oración y una escuela de fe; nos enseña a creer con la Iglesia.

El dicho medieval a menudo se alarga a *lex orandi, lex credendi, lex vivendi*: "ley de vivir". El modo en que oramos da forma a lo que creemos, y al modo en que vivimos. El culto auténtico y la fe desembocan en el discipulado. Si no lo hacen, significa que el poder transformador de la liturgia no nos está llegando realmente. Como ha escrito el papa Benedicto XVI: "Una Eucaristía que no comporte un ejercicio práctico del amor es fragmentaria en sí misma".[10]

La liturgia realmente importa. En *Sacrosanctum concilium*, el Concilio Vaticano II estipula que "la liturgia es la cumbre hacia la cual tiende la actividad de la Iglesia y, al mismo tiempo, es la fuente de donde mana toda su fuerza".[11] La liturgia es fuente y cumbre, culmen y punto de partida. Toda la predicación y evangelización de la Iglesia tiene por objeto atraer a las personas a Cristo en la celebración de la Eucaristía. Al mismo tiempo, la Eucaristía no es un lugar estacionario. La liturgia es la fuente de la cual sacamos fuerzas para realizar la obra de Cristo en el mundo. La liturgia nos reúne, y la liturgia nos envía. Y si la liturgia no hace eso, hay un problema. "No podemos hacernos ilusiones: por el amor mutuo y, en particular, por la atención a los necesitados se nos reconocerá como verdaderos discípulos de Cristo...

9. Ver *Rosarium Virginis Mariae*, 4.
10. *Deus caritas est*, 14.
11. SC, 10.

En base a este criterio se comprobará la autenticidad de nuestras celebraciones eucarísticas".[12]

La oportunidad y el privilegio de servir

Los ministros litúrgicos tienen la maravillosa oportunidad y privilegio de ayudar a otros a participar en esta realidad transformadora que llamamos liturgia de la Iglesia. Sea que proclamemos una lectura de las Escrituras, recojamos el dinero de la colecta, distribuyamos la Sagrada Comunión, llevemos una vela o preparemos el ambiente litúrgico, nuestro objetivo es el mismo: ayudar a otros a encontrar en la liturgia lo que nosotros encontramos: comunidad viva de creyentes, escuela de santidad, lugar de encuentro con Cristo. De la misa, nunca salimos igual, porque la liturgia está destinada a cambiarnos. No debe extrañarnos entonces que la Iglesia enfatice nuestra participación en la liturgia. Si participamos plena, consciente y activamente en la liturgia, no podemos sino transformarnos y hacer nuestra parte para transformar el mundo que nos rodea. Por ser ministros litúrgicos, estamos llamados a hacer exactamente eso y ayudar a otros a hacer lo mismo.

Preguntas para conversar y reflexionar

1. ¿Cuál es la diferencia entre orar con una comunidad y orar solo? ¿Por qué cree usted que Jesús nos llama a orar de ambas maneras?
2. ¿En qué liturgias de la Iglesia participa usted regularmente?
3. ¿Dónde y cuándo se siente usted más cerca de Cristo?
4. Piense en las formas en que Cristo está presente en la liturgia y en el mundo. Considere un momento en que haya sentido la presencia de Cristo en estos lugares.
5. ¿Nota usted que participar en la liturgia impacta su vida?

12. *Mane nobiscum Domine*, 28.

Capítulo dos

El significado y la historia de su ministerio

[La edificación de la iglesia] debe ser expresiva de la presencia de Dios y adecuada para la celebración del sacrificio de Cristo, además de reflejar a la comunidad que allí celebra.

—*Edificada con piedras vivas*, 16

El ministro de la belleza sacramental

Usted se ha sentido llamado a cuidar los espacios sagrados y adornarlos para que los misterios que celebramos sean más atractivos y comprensibles para el pueblo de Dios. Usted no es nada más un decorador, arreglador de flores, costurero, alguien hábil y ordenado. Usted echa mano de todo ello para desempeñar sus tareas, pero lo hará con una idea de la forma en que la liturgia nos ayuda a encontrar a Cristo mediante las cosas terrenales. Lo hará como ministro. Ver la presencia de Dios en lo material, captar la sacramentalidad y la belleza espiritual de las cosas físicas, será su especialidad al ir empleando esas cosas para atraer a la asamblea a la liturgia y reconocer la presencia de Cristo.

Capacitarse le dará confianza a usted y lo volverá más eficaz en su trabajo, pero la base real para participar en este ministerio proviene de su bautismo. Luego de ser lavado con el agua bautismal, a usted el sacerdote lo ungió con el crisma y proclamó que quedaba unido al Cuerpo de Cristo sacerdote, profeta y rey. Su bautismo le da poder para compartir los dones de Cristo y hacer su obra en el mundo. Es su sacerdocio bautismal lo que lo capacita para este ministerio de la Iglesia. Usted se dedicará a modelar la belleza sacramental del entorno litúrgico, y querrá saber más sobre el significado y la historia de los espacios sagrados que arregla.

La iglesia: escenario de la misa dominical

La razón principal por la que construimos iglesias es la Eucaristía dominical. Las usamos para muchos otros eventos, desde bodas festivas hasta rezos privados. Pero el diseño y la decoración principales de una iglesia dependen de lo que necesitemos para la misa dominical.

El edificio recibe su nombre de la gente que se reúne allí: iglesia. Somos piedras vivas construidas en una casa espiritual.[1] Somos el templo de Dios y

1. 1 Pedro 2:5.

ese templo es santo.[2] Nos reunimos como el Cuerpo de Cristo, y él es nuestro sacerdote.[3] Somos iglesia. Nuestro edificio también.

A la comunidad, el edificio le brinda un espacio para encontrarse con Dios. En la tradición católica, no realizamos bodas en parques, ni bautismos en lagos. Nos reunimos en nuestras iglesias porque representan a las personas de fe y son nuestros principales centros para encontrarnos juntos con Dios. Otros espacios son sagrados. Las cruces junto a una carretera señalan donde las víctimas de accidentes perdieron la vida. El hogar de la juventud está repleto de recuerdos. Un panorama del océano transmite al observador la majestad y poder de la naturaleza. Pero las iglesias son especiales. Están construidas y consagradas con el propósito de encontrarse con Dios. Generaciones de creyentes han orado por millares de razones y su fe continúa santificando el espacio consagrado de su iglesia.

Los católicos diseñan sus iglesias según las necesidades de la Eucaristía dominical. El altar ocupa un área central. El ambón se coloca donde la asamblea pueda ver y escuchar al que lee la Palabra de Dios. Hay espacio para recibir la Comunión. Todo el edificio ofrece asientos adecuados para cuantos asistan a orar. La disposición facilita las procesiones públicas y la devoción silenciosa. Es algo fijo, pero flexible.

El edificio complementa los símbolos de nuestro culto: pan y vino, que ofrecemos en sacrificio y consumimos en una comida sagrada; agua, que promete vida y limpieza; aceite, que nos ayuda a orar por sanación, protección

2. 1 Corintios 3:16.

3. La *Constitución Sacrosanctum concilium sobre la sagrada liturgia* (SC), 7 estipula: "Se considera la liturgia como el ejercicio del sacerdocio de Jesucristo... y así el Cuerpo místico de Jesucristo, es decir, la Cabeza y sus miembros, ejerce el culto público íntegro".

y gracia; fuego, que nos recuerda a Cristo resucitado, que rompe las tinieblas del pecado; la cruz, que nos humilla incluso cuando anuncia la redención; incienso, que lleva nuestras oraciones a lo alto y llena el edificio con el suave aroma de la santidad; y la asamblea del pueblo de Dios, que llama a esta iglesia su casa.

Todo el complejo sirve a las necesidades espirituales primarias de la comunidad católica. Lo hace especialmente bien cuando se presta atención a sus componentes.

La nave

Las personas que vienen al culto toman su lugar en el área llamada "nave".[4] La palabra está relacionada con palabras como *navío*, *nao* (también *náutica*, *navegar*, *natación*) porque los primeros templos semejaban una embarcación.

La celebración eucarística supone la presencia de personas en la nave. En el Ordinario de la misa, parte del misal que describe el orden de una misa típica, las dos primeras palabras son "Populo congregato", que significan "reunido el pueblo".[5] En la misa no pasa nada hasta que la congregación está allí. Nos congregamos en la nave.

El presbiterio

Las acciones de la misa tienen lugar en el presbiterio, área espaciosa separada de la nave por su elevación y ornamentación.[6] Las personas en la nave deben poder ver y escuchar lo que sucede en el presbiterio.

El presbiterio contiene el mobiliario principal necesario para celebrar la Eucaristía: el altar, el ambón y la sede o silla presidencial.

El altar

El altar es como una mesa donde se actualiza el sacrificio de la cruz y en la cual la asamblea reunida comparte el banquete sagrado del Cuerpo y Sangre de Cristo.[7] Es el centro de nuestra atención.

El ambón

Es el lugar desde donde se proclama la Palabra de Dios; se parece a un atril o a un púlpito.[8] Debe ser lo suficientemente grande para albergar el leccionario y el Libro de los evangelios. Suele estar equipado con un micrófono para ayudar a la proclamación audible de las Escrituras Sagradas, la homilía y la Oración universal.

---

4. Ver *Edificada con piedras vivas* (EPV), 51–53.
5. *Misal Romano*, Ordinario de la misa, 1.
6. *Institución general del Misal Romano* (IGMR), 295; EPV, 54–55.
7. IGMR, 296; EPV, 56–59.
8. IGMR, 309; EPV, 61–62.

La sede o silla presidencial

El presbítero que celebra la misa tiene su propio lugar para sentarse.[9] Tal vez no parezca digno de mención, pero la silla del presidente indica el papel del sacerdote en la comunidad, y es donde ocurren ciertas acciones de la misa.

El sacerdote es pastor o guardián y servidor del pueblo. Su silla tiene la misma función que la cabecera de la mesa del comedor o de la sala de juntas de una empresa. Incluso llamamos "presidente" a la persona que dirige un comité.

Desde la sede presidencial el sacerdote saluda a la asamblea, pronuncia algunas de las oraciones en la misa y puede incluso predicar. La silla significa algo incluso cuando el sacerdote no esté sentado allí. Se pone de pie frente a la silla para rezar la Colecta, con la que concluyen los Ritos iniciales de la misa. Su cercanía a la silla demuestra que él preside, es el líder y su postura muestra su respeto por Dios.

Otros asientos

De haber un diácono, éste tiene una silla cerca del presbítero. Si hay monaguillos u otros ministros, tendrán asientos en el área del presbiterio, pero deben ser menos prominentes que los del sacerdote y el diácono.

El coro suele dirigir el canto desde un área especial.[10] A veces, sólo un líder del canto asume esta responsabilidad. Los que cantan y los músicos son parte de la asamblea de fieles y su ubicación debe dejarlo bien claro. Una buena ubicación facilita su papel de guiar el canto de la asamblea. El que dirige el salmo responsorial puede hacerlo desde el ambón, pero el resto de la música se dirige desde un atril u otro lugar adjunto.

Estaciones para la Comunión

El sacerdote y otros ministros de Comunión salen del presbiterio para distribuir la Comunión en las estaciones a donde llega la gente en procesión.[11] Dichos puestos suelen estar en las partes de la nave más próximas al altar; por ejemplo, a la cabecera de los pasillos. Los documentos litúrgicos primarios nunca los describen en detalle, pero los puestos para la Comunión deben ser lo suficientemente espaciosos para acomodar el flujo de la gente, y lo suficientemente íntimos para ayudar al encuentro sacramental de cada comulgante con el Cuerpo y la Sangre de Cristo.

9. IGMR, 310; EPV, 63–65.
10. EPV, 88–90.
11. Ver IGMR, 160.

Cruz y velas

Una cruz, que evoca el cuerpo crucificado de Jesús, debe estar sobre o cerca del altar, o ser llevada en la procesión de entrada y puesta allí.[12] La relación física entre el altar y la cruz permite que la imagen del Cristo crucificado interprete el significado de las acciones sobre el altar. En algunas misas, un ministro incensará tanto el altar como la cruz. Esta acción asume que están próximos entre sí. Con todo, debe quedar claro que el altar es más central para la liturgia que la cruz.[13]

Las velas o cirios se colocan sobre o cerca del altar antes de que comience la misa, o se llevan allí en la procesión de entrada.[14] Originalmente, las velas tenían una función práctica: iluminaban un área oscura del edificio. Pero ahora son signos de reverencia y festividad.[15]

Se precisan varios colores de tela que coincidan con los de los tiempos litúrgicos.

Vestiduras u ornamentos y vasos sagrados

El presbítero, el diácono y los acólitos se revisten para la misa. El clero usa colores que anuncian la ocasión, fiesta o tiempo celebrativo. Las vestimentas son más efectivas cuando están limpias, hermosas y funcionales. Los ministros necesitan vestimentas que les queden bien. Deben formar parte coherente del cuadro visual del presbiterio. Deben dirigir la atención hacia la acción de la misa, no hacia los ministros.

Se necesitan varios vasos y recipientes y telas. Todos deberán ser funcionales y bellos.[16]

Otras mesas

Una mesita, la credencia, sirve para contener muchos de los artículos necesarios para la misa, como copones adicionales para la Comunión, una jarra de agua y varios purificadores o paños pequeños. La credencia suele encontrarse cerca de una pared del presbiterio; no al lado del altar, pues puede restarle importancia.

Otra mesa pequeña suele estar cerca de la parte trasera de la nave. En ella se colocan el pan y el vino para la misa. La procesión de estos dones comenzará

12. IGMR, 117, 122, 308; EPV, 91.
13. IGMR, 296.
14. IGMR, 117, 122.
15. IGMR, 307; EPV, 92 – 93.
16. IGMR, 327–347; EPV, 164–165.

desde esta mesa y terminará en la entrada del presbiterio. Los documentos litúrgicos primarios nunca mencionan esta mesa, pero casi todas las iglesias usan una.

El sagrario

El pan eucarístico consagrado que queda después de la misa se reserva bajo llave en un cofre resistente llamado sagrario o tabernáculo que se parece a una caja ornamentada, aunque puede tener otras formas. Este pan consagrado se reserva para que los ministros designados puedan llevarlo a los enfermos e impedidos de acudir a la iglesia. Los católicos creemos que la presencia real de Cristo permanece en la sustancia del pan consagrado. Por esta razón, el sagrario es un lugar primordial para la adoración en la iglesia. Un adorador hace una genuflexión cuando se acerca o pasa frente al sagrario fuera de la misa.

El sagrario debe colocarse en un lugar destacado, ya sea en una capilla acondicionada para la oración privada o en el presbiterio. No debe colocarse sobre el altar en el que se celebra la misa.[17] En general, cabe celebrar la misa sin un sagrario; el pan y el vino llevados al altar pueden ser consagrados allí y consumidos en su totalidad por los adoradores. La nobleza del sagrario y la centralidad del altar deben quedar claras para todos.

La pila o fuente bautismal

El bautismo en la Iglesia católica puede administrarse por inmersión o vertiendo el agua sobre la cabeza del bautizando; se precisa que "es realizado de la manera más significativa mediante la triple inmersión en el agua bautismal".[18] Se bautiza en una fuente o pila, que debe ser apta para ejecutar las opciones mencionadas.[19]

17. IGMR, 314, 315; EPV, 70–73.
18. Catecismo de la Iglesia católica (CEC), 1239.
19. EPV, 66–69.

Los bautismos pueden celebrarse durante la misa, y tienen un lugar central en la Vigilia Pascual, en la que ayudan a expresar el significado implícito de la resurrección de Cristo. Aun cuando un bautismo tenga lugar fuera de la misa, puede concurrir un grupo grande de familiares y amigos. Por estos motivos, la pila bautismal debe estar donde la gente pueda verla y oír con claridad las palabras del rito. Algunas iglesias más antiguas tienen pequeños bautisterios dispuestos junto a la puerta de entrada. Hoy día estos resultan menos adecuados para la celebración del bautismo y el número de participantes.

Para inmersiones de adultos, la pila debe ser lo suficientemente grande como para que quepan al menos un adulto, el ministro y el padrino o madrina. La inmersión de un niño puede hacerse en la misma pila o en una tina o cuenco grande con agua.

Las pilas bautismales han tomado diversas formas. Algunas son redondas, para sugerir un vientre del que se vuelve a nacer. Otras son rectangulares, como la tumba de la que se resucita. Otras tienen forma de cruz, porque los cristianos somos bautizados en la muerte y resurrección de Cristo. Otras más son octagonales. Se considera que el domingo no es sólo el primero sino también el octavo día de la semana; el número ocho sugiere un tiempo fuera del tiempo, la vida eterna de la que participamos por el bautismo.

El armario del crisma

Los santos óleos que se usan en los sacramentos se guardan en un lugar especial de la iglesia; a menudo están en estantes dentro de un armario especial. Cuando un sacerdote celebra la unción de los enfermos, usa el óleo de los enfermos. Cuando un presbítero o un diácono unge a un niño o a un adulto en los ritos preliminares al bautismo, usa el óleo de los catecúmenos. El santo crisma, óleo mezclado con bálsamo perfumado, se usa para la unción que sigue al bautismo, para el sacramento de la confirmación, para la ordenación de un sacerdote o de un obispo, y para ungir un nuevo altar y las paredes de una iglesia nueva.

Antes se empotraba el armario para guardar los óleos en una de las paredes de la sacristía, fuera de la vista de la comunidad. Hoy algunas iglesias colocan los óleos en un armario con paneles de vidrio colocado donde los fieles puedan verlos. Hoy es frecuente que este armario o vitrina se halle cerca de la fuente o pila bautismal porque dos de estos óleos se usan en los ritos de iniciación.

El vestíbulo o nártex

Pasando las puertas exteriores principales, algunas iglesias tienen una gran área de reunión, a veces llamada nártex.[20] Los fieles que llegan pueden encontrarse y saludarse allí. Comienzan el proceso semanal de formarse como un

20. EPV, 95–97.

solo cuerpo de creyentes que adorarán, cantarán, responderán, escucharán y observarán silencios juntos. Después del servicio, muchos se quedarán para ponerse al día y hacer planes para la próxima semana.

El nártex también es donde una parroquia puede poner a disposición varios recursos. En esta área pueden ofrecerse boletines, volantes informativos, cajas para recolectar alimentos y ropa para los más necesitados, mesas para promover actividades parroquiales e incluso café y donas. El nártex es un lugar para compartir información y construir la comunidad. Es la puerta de entrada a la celebración litúrgica y la puerta de salida para ir a servir al prójimo.

La sacristía

Los objetos para la liturgia se guardan en un cuarto llamado sacristía. A veces hay dos sacristías, una para revestirse los ministros, y otra para almacenar y limpiar los utensilios. La sacristía para revestirse suele estar cerca de la puerta principal de la iglesia, para que los ministros ya revestidos lleguen fácilmente a donde inicia la procesión de entrada. La sacristía de trabajo puede quedar más cerca del presbiterio para facilitar la disposición de los vasos sagrados.

La sacristía de trabajo suele tener agua corriente para la limpieza. También está equipada con un *sacrarium* o piscina, que es un fregadero especial con una tubería que se adentra en la tierra. Luego que los vasos han sido purificados por un sacerdote, diácono o acólito instituido, el agua del primer lavado generalmente se vierte por la piscina o *sacrarium*.

El cuarto para la reconciliación

Los fieles que buscan la absolución sacramental suelen confesarse ante un sacerdote en un área privada de la iglesia.[21] Tienen la opción de nombrarle sus pecados cara a cara o de forma anónima. Los confesionarios tradicionales brindan espacio suficiente para un sacerdote sentado y un penitente arrodillado. Hoy, muchas iglesias albergan salas de reconciliación donde el sacerdote y el penitente pueden sentarse uno frente al otro. Estas habitaciones dan la sensación de ser una capillita o un lugar de consejo y consulta personal. Facilitan que el sacerdote salude al penitente afectuosa y amablemente, como sugiere el *Ritual de la penitencia*.[22]

El cuarto de reconciliación y los confesionarios pueden estar en la nave, pero conviene que estén apartados de ella. Pueden oírse confesiones durante la misa, pero distraerán menos a los fieles congregados y a los penitentes si se llevan a cabo en áreas separadas o en momentos separados.

21. EPV, 103–105.

22. *Ritual de la penitencia*, 41.

Áreas devocionales

Hay otras áreas que sirven a las devociones del pueblo. Aunque estos espacios se encuentran tradicionalmente en las iglesias católicas, tienen una relación más tangencial con nuestro propósito principal de reunión: la celebración de la misa.

Pilas de agua bendita

Las pilas de agua bendita se colocan cerca de la puerta de la iglesia. Al entrar al edificio, los fieles suelen mojar algunos dedos en el agua y hacerse la señal de la cruz. Este gesto les recuerda su bautismo y sirve como rito de purificación.[23]

La mayoría de los fieles vuelve a santiguarse con agua al salir de la iglesia. Esta práctica nunca aparece en los libros litúrgicos oficiales, pero la mayoría de los católicos la hacen instintivamente como una forma de mantener con ellos algo de la santidad del espacio, y tal vez para fortalecer su decisión de vivir su bautismo al volver al espacio secular del mundo.

Estatuas e imágenes de Cristo y los santos

Puede adornarse las paredes o llenar las hornacinas de la nave u otras áreas con estatuas e imágenes de Cristo y de los santos. Al contemplar las imágenes de los santos, los católicos se conectan con los héroes e intercesores que los inspiran y ayudan en su jornada espiritual. Es especialmente frecuente hallar imágenes del Sagrado Corazón de Jesús y el Inmaculado Corazón de María. Estas imágenes visibles nos recuerdan la comunión invisible de los santos con los que nos congregamos en cada misa.

Algunas iglesias han movido las imágenes de los santos a la periferia, para que la naturaleza privada de estas devociones no compita con la naturaleza comunitaria de la liturgia.

Velas votivas

Las velas votivas suelen colocarse en áreas adyacentes a las imágenes de los santos. Muchos fieles católicos tienen la devoción de decir una oración ante una imagen, hacer una donación y luego encender una vela antes de irse. La vela representa la ofrenda de algo hermoso para prolongar la presencia del donante y reforzar su oración.

El viacrucis

Las estaciones de la cruz suelen estar en las paredes de la iglesia. Muchas parroquias programan el rezo del viacrucis los viernes de Cuaresma, pero esas imágenes nos acompañan durante todo el año, proporcionando un contexto narrativo a la vida entera del cristiano bajo la cruz de Cristo.

---

23. *Ceremonial de los obispos*, 110.

Otros espacios

El exterior de una iglesia, especialmente su fachada, a menudo lleva imágenes o inscripciones religiosas.

Las ventanas, en particular los coloridos vitrales, son un lugar que tradicionalmente se decora. En la Edad Media, cuando el analfabetismo impedía a los fieles leer la Biblia por sí mismos, los vitrales les enseñaban los fundamentos de su fe. Funcionaban como historias en pasajes de la vida de los santos y como soporte de diseños geométricos. Sobre todo, coloreaban la luz e inspiraban un sentido de devoción mediante el uso imaginativo de la belleza. Algunas iglesias tienen delante un jardín o una plaza. Cuando hay buen tiempo, estos cumplen la misma función que el vestíbulo: permiten que la gente se salude antes y después de una ceremonia. En algunas zonas, el terreno que rodea la iglesia cumple también la función de parque público: una plaza que la gente atraviesa durante la semana. Algunas iglesias sirven a la comunidad ofreciendo un lugar de reunión para comunicaciones ocasionales o planeadas.

El exterior de la iglesia brinda más oportunidades para decorar según el tiempo litúrgico. Anuncia a la gente sobre la época del año o un día festivo incluso antes de entrar al edificio.

La atmósfera en el interior de la iglesia también ayuda a crear un ambiente. Las telas colgadas, las luces que brillan y el olor del incienso pueden colaborar armoniosamente en la celebración de una ocasión especial. Hasta la ausencia de estos adornos puede crear una austeridad que sirve para definir ciertas ocasiones litúrsgicas.

Las diferentes áreas de un edificio y los objetos de la liturgia se usan todo el año. Pero hay acontecimientos concretos que requieren una atención especial de los ministros del ambiente litúrgico.

El edificio de la iglesia como entorno para otros ritos litúrgicos

La Liturgia de las Horas

Algunas comunidades religiosas se reúnen para rezar varias veces al día. La Liturgia de las Horas se reza regularmente en monasterios y conventos, pero se anima a cualquier iglesia parroquial a ofrecer al menos la oración de la mañana, Laudes, y la oración de la tarde, Vísperas. Una disposición tradicional de asientos divide el conjunto en dos mitades enfrentadas (llamada disposición antifonal); los lados se alternan cantando los versos de los salmos para que todos oren y escuchen la Palabra de Dios. Sin embargo, cabe hacer adaptaciones en la disposición física.[24]

24. EPV, 115.

Ritos de la iniciación cristiana de adultos (el catecumenado)

El amplio conjunto de los ritos de la iniciación cristiana de adultos tiene requisitos especiales. Durante el Rito de aceptación al orden de los catecúmenos, los adultos sin bautizar y los niños en edad catequética son formalmente nombrados catecúmenos en preparación para el bautismo. La liturgia comienza fuera de la nave en un espacio amplio, que pueda albergar a un buen número de fieles que va a participar en el diálogo con el sacerdote o el diácono que oficia.[25]

Durante muchos ritos prebautismales, un ministro ora por los catecúmenos. Necesitan un espacio donde congregarse. En algunas parroquias los llevan al presbiterio; en otras usan los pasillos o las áreas de las estaciones para la Comunión. Los catecúmenos y sus padrinos necesitan lugares adecuados donde pararse juntos y de tal manera que quienes rezan por ellos puedan verlos.

Reconciliación comunitaria

A veces —generalmente en Adviento y en Cuaresma— la comunidad parroquial se reúne para tener una celebración comunitaria del sacramento de la reconciliación, en el que la confesión y absolución son individuales. Suelen asistir varios confesores. Durante la liturgia, cada fiel o penitente se acercará a uno de ellos. Cada sacerdote necesita un lugar privado para este encuentro. Pueden establecerse dichos lugares en el presbiterio, en el extremo de los pasillos o en la periferia, siempre que no se escuchen las conversaciones que allí se tengan.

Unción comunitaria de los enfermos

Los enfermos de la parroquia pueden ser ungidos en grupos, incluso durante la misa dominical.[26] Es posible que se requieran asientos especiales, tal vez en las primeras bancas, donde tengan apoyos suficientes, y donde el sacerdote pueda acercarse a ellos para imponerles las manos y ungirles la frente y la palmas. Toda iglesia debe tener acceso adecuado permanente para los fieles en sillas de ruedas y con necesidades especiales.

Bodas

Es probable que las parejas comprometidas quieran decorar la iglesia para su boda.[27] En algunos casos agregan decoraciones elaboradas para la ceremonia que dura una hora, y después la iglesia vuelve al decorado litúrgico normal para las demás celebraciones del día. Durante la ceremonia, el novio y la novia deben tener asientos adecuados. Pueden ocupar un lugar con la asamblea o hasta en el presbiterio.[28]

---

25. El *Rito de la iniciación cristiana de adultos (RICA)*, 48.
26. EPV, 109.
27. EPV, 106–108.
28. EPV, 108.

A veces agregan decoraciones elaboradas para una ceremonia de una hora, y luego la iglesia se restaura a su decoración de temporada normal para otros servicios ese día.

Durante la ceremonia, los novios necesitan asientos adecuados. Pueden colocarse con la asamblea o incluso en el santuario, siempre que no obstruyan la vista de la acción en el altar.

Vigilias y funerales

Cuando muere un miembro de la comunidad, ésta se reúne en la iglesia (cuando no lo ha hecho en la funeraria) para ofrecer el pésame. Aunque muchas funerarias ofrecen salas para velorios, es adecuado hacer la Vigilia por el difunto en la iglesia parroquial. Deberá haber suficiente espacio para velar el cuerpo. La iglesia ya está preparada con los otros elementos necesarios para esta ceremonia litúrgica: un ambón, una sede, asientos para los dolientes y guías para la participación.[29]

En el funeral, los dolientes necesitan espacio para recibir el cuerpo y cubrir el ataúd con el palio bautismal. La anchura del pasillo debe permitir a los portadores del féretro acercarlo hacia el altar y al ministro caminar a su alrededor para incensarlo.

Exposición y adoración del Santísimo

La ceremonia que se conoce como "bendición" invita a los fieles a adorar la presencia real de Cristo en el Santísimo Sacramento, durante períodos de silencio, canto, oración y lectura de la Sagrada Escritura.[30] Es tradicional colocar candelabros en el presbiterio. Se prepara una custodia para exhibir la hostia consagrada y se coloca en el altar.

El edificio de la iglesia durante el año litúrgico

El calendario litúrgico da la pauta de muchos aspectos variables de la ambientación litúrgica.[31] En el Adviento, muchas parroquias colocan una ofrenda floral, que se bendice el Primer Domingo de Adviento. En Navidad, los fieles suelen rezar tranquilamente ante el nacimiento. Si se celebra la memoria opcional de san Blas el 3 de febrero, se prepararán velas para la bendición anual de gargantas. Cuando comienza la Cuaresma, las cenizas de los ramos de palma viejos se colocan en recipientes y se ponen en una mesa cerca de la sede del celebrante. El Domingo de Ramos se entregarán ramos nuevos a los fieles.

---

29. EPV, 110–114.

30. Ver el *Ritual de la Sagrada Comunión y del culto eucarístico fuera de la misa.*

31. EPV, 122–129.

Durante el Triduo Pascual, surgen varias necesidades.[32] Para el lavatorio de pies el Jueves Santo, se necesitará una jarra de agua, un cuenco y una toalla. Al final de esa liturgia, los panes consagrados se colocarán en un espacio especial de reserva, el "monumento", convenientemente decorado, y que puede ubicarse fuera de la nave.

El Viernes Santo, el clero comenzará la liturgia postrándose en el suelo del presbiterio; debe haber espacio para tenderse. Se prepara una cruz para la adoración de los fieles.

Para la Vigilia Pascual, debe encenderse un fuego lo suficientemente grande como para disipar la oscuridad de la noche, preferiblemente al aire libre. Hay que preparar el cirio pascual. Debe procurarse espacio adecuado para los bautismos; puede instalarse una fuente temporal en el presbiterio si la iglesia no dispone de una fuente bautismal adecuada.

Durante el Año litúrgico, la Iglesia despliega el misterio de Cristo, desde su encarnación y nacimiento, pasando por su pasión, muerte y resurrección, hasta su ascensión, el día de Pentecostés, y la espera de su glorioso advenimiento. En la celebración de estos misterios, la Iglesia hace presentes estos sagrados acontecimientos para la gente de todos los tiempos.

—*Edificada con piedras vivas*, 122
(Ver Sacrosanctum concilium, 102)

Una belleza múltiple

En el ambiente de una iglesia debe reinar la belleza. Dios es la fuente de todo lo que es bueno, y las cosas bellas orientan a los fieles nuevamente hacia Dios. Ninguna obra de arte religiosa debe llamar la atención hacia el artista más que hacia Dios, origen de la creación. Todas sirven para un propósito: realzar la celebración religiosa.

No hay un sólo estilo de arte de ninguna cultura, región o época que exprese totalmente la fe de los cristianos.[33] Por ello, la Iglesia, con toda sabiduría, ha estimulado la construcción de edificios en múltiples estilos, la incorporación de una variedad de técnicas artísticas y el uso de materiales genuinos, autóctonos de las regiones del mundo en que ha florecido el cristianismo. Esta multiplicidad de formas refleja la simplicidad y la complejidad eternas de Dios, y muestra la influencia multiforme del Espíritu Santo.

El arte y la arquitectura siguen evolucionando con la cultura. Se apoyan en nuevas percepciones, nuevas tecnologías y formas prácticas de adaptarse a los espacios disponibles. Aunque muchos católicos siguen sacando provecho de las formas artísticas antiguas y los estilos del pasado, debe alentarse a los artistas de hoy a que ayuden a sus contemporáneos a adorar de maneras que satisfagan las necesidades hodiernas.

32. EPV, 81.
33. EPV, 38–45.

La iglesia de Sta. Sabina, 422–432, es una de las primeras construidas al estilo basílica en Roma.

Historia

El arte litúrgico y la arquitectura reflejan y anuncian la presencia de Dios, que llama a la comunidad al culto e invita a los creyentes a a elevar sus mentes y corazones a Aquel que es la fuente de toda belleza y verdad.

—Edificada con piedras vivas, 44

A lo largo de la historia, la Iglesia católica ha mostrado su constante apoyo al desarrollo del arte y la arquitectura. Algunas formas artísticas son marcadamente litúrgicas; por ejemplo, construir y amueblar iglesias. Otras son más devocionales, tales como el fabricar objetos para la oración personal. En todos los casos el cristianismo ha sido bien acompañado por la historia de las artes visuales. Mencionaremos algunos hitos históricos para ilustrar los patrones y los cambios que explican la coexistencia actual de varios estilos.

Los primeros cristianos se reunían para celebrar la liturgia en ambientes íntimos. La comunidad era pequeña, los edificios también, y lo que se necesitaba para la Eucaristía era algo simple. En esa época temprana, los cristianos celebraban la liturgia en casas particulares amplias: en un comedor o un patio interior. Se hacían los bautismos en estanques domésticos. En este ambiente la Eucaristía se parecía a una comida familiar: la gente comía reclinada o sentada, disfrutando la mutua compañía en la oración común.

Los gobernantes del Imperio romano eran partidarios de la religión estatal y otros cultos antiguos y perseguían a los cristianos, pero en 313 el emperador

Constantino dictaminó que la nueva religión sería tolerada y luego incluso promovida. Así, el número de fieles aumentó y fue necesario construir edificios especiales para albergarlos.

Ya se conocía, con el nombre de basílica, un modelo de edificio público amplio. La gente se reunía en estos salones cerrados a escuchar discursos, hacer negocios y reclamar justicia a los tribunales. Un extremo de estos edificios rectangulares terminaba en un ábside, o sea un espacio semicircular abovedado. Esta zona concentraba la actividad principal y tenía ventajas acústicas. Había pilares que sostenían el techo elevado de la gran nave central del edificio y flanqueaban los pasillos laterales más cortos. Había ventanas que perforaban el sector superior de las altas paredes, por encima de los pilares, para inundar la nave de luz. Cuando los cristianos tuvieron la necesidad de edificios amplios para sus celebraciones, adoptaron la forma de la basílica. Orientaron los edificios hacia el este, hogar del sol naciente y símbolo de la resurrección. En el ábside colocaron una silla para el que presidía la celebración, para que su voz se escuchara mejor. Por el mismo motivo se proclamaban las lecturas desde un lugar elevado. Una mesa aislada en el medio del ábside servía de altar.

No era posible reproducir en un espacio más grande la intimidad de la iglesia doméstica, pero la presencia de más fieles aumentaba la solemnidad de toda ceremonia. Las procesiones fueron surgiendo en forma natural. El canto cobró importancia. Se cristalizaron y diversificaron los ministerios dentro de la liturgia.

También los bautisterios pasaron por un desarrollo orgánico. Lo que empezó como un estanque adyacente a una iglesia doméstica se transformó en un edificio separado de la basílica. Así como la iglesia se trasladó bajo techo, sucedió con el estanque bautismal. Los bautisterios eran lo suficientemente amplios para sumergir total o parcialmente a un adulto en presencia de los ministros y cierto número de testigos. En una época y región en que la gente se bañaba en público, es probable que se bautizara a los catecúmenos desnudos. Esto puede haber contribuido a que se construyeran los bautisterios como edificios separados de la iglesia donde el resto de la comunidad estaba rezando.

A lo largo de la Edad Media, una cantidad de influencias contribuyó a la evolución de las iglesias cristianas de Occidente. Un profundo respeto por la presencia real de Cristo en el pan y el vino consagrados favoreció el desarrollo de una piedad eucarística fuertemente emotiva. Los fieles sentían que no eran dignos de la Comunión, y dejaron de comulgar con frecuencia. El momento de la consagración se volvió el punto culminante de la misa. En consecuencia, los fieles nutrían su piedad con la práctica nuevamente introducida de la elevación de la hostia y el cáliz en misa, en ceremonias especiales de exposición y adoración eucarística y en la colocación central del sagrario. En el ábside de las iglesias surgieron retablos muy ornamentados que se convirtieron en el punto focal de adoración de la comunidad católica.

Aparecieron altares laterales en los pasillos y a los costados del ábside, para que varios sacerdotes pudieran celebrar misa al mismo tiempo, en una época en que no se practicaba la concelebración.

La arquitectura gótica tuvo sus inicios en la construcción de la iglesia de Saint-Denis en las afueras de París (1140–1144). Los arcos ojivales y los contrafuertes externos permitieron que las iglesias se elevaran a alturas sin precedentes. El perfil arquitectónico de una ciudad se caracterizaba por el de sus iglesias. Se coronaban las puertas con rosetones y los vitrales atrapaban y coloreaban la luz que entraba desde el exterior. El imponente espacio interior hacía que los fieles se sintieran humildes en presencia de Dios. Este estilo tuvo un profundo impacto en la historia de la arquitectura cristiana, y sigue siendo una imagen que muchos consideran normativa. Hasta el día de hoy, mucha gente —cristiana y no cristiana— piensa que una iglesia "parece iglesia" si tiene un rosetón y arcos ojivales.

En el transcurso de la historia de la arquitectura, la Iglesia adaptó otros estilos a sus propios fines: el renacentista, el barroco, el neoclásico, y otros, hasta llegar al siglo XX. La renovación litúrgica promulgada por el Concilio Vaticano II llamó a la Iglesia a volver a sus fuentes cristianas primigenias, en parte para preservar la integridad de sus símbolos. Si la ornamentación se había utilizado principalmente para decoración, se reorientó para subrayar los propósitos centrales de la acción litúrgica. Por ejemplo, muchas iglesias han sido diseñadas para llamar la atención sobre el sagrario o tabernáculo por ser el centro de la devoción católica. Después del Concilio, esta atención se desplazó a la mesa del altar porque allí se hace presente el sacrificio de la cruz, y desde allí los fieles son alimentados con el Cuerpo y la Sangre de Cristo, su Señor. Las iglesias se centraron menos en la devoción íntima y más en el culto público.

Esto causó cambios dramáticos en la forma de la nave. Antes nunca se había cuestionado seriamente que la nave tuviera la misma forma que una basílica. Pero la escasez de sacerdotes fue obligando a edificar iglesias más grandes, la tecnología del sonido volvió innecesario el ábside, y los conocimientos de electricidad complementaron o eliminaron la necesidad de luz natural a través de las ventanas. La accesibilidad para las personas con discapacidad impuso cambios en el diseño de los edificios.

Por lo tanto, es común que la nave sea mucho más ancha de lo que era. Los asientos para los fieles en los otros costados del altar les permiten estar más cerca físicamente del centro de las actividades. Al ver las caras de los demás, los fieles vuelven a sentir algo de la intimidad que caracterizaba a las primitivas iglesias domésticas. Cuando hay grandes multitudes, la nave más ancha les recuerda a los fieles que están congregados no como el público en un teatro sino como participantes de un banquete.

Una de las preguntas más difíciles para las parroquias católicas después del Concilio Vaticano II es si deben renovar o reemplazar los edificios tradicionales de sus iglesias. Muchas de las estructuras anteriores al Concilio destacaban la disparidad entre el presbiterio y la nave, y entre el clero y los laicos. Las parroquias que desean un ambiente más participativo para sus celebraciones se enfrascan en largas discusiones sobre la modernización del diseño del espacio tradicional para adecuarlo a las necesidades contemporáneas.

Cada edificio es diferente. Cada comunidad es diferente. Hay edificios que permiten la modernización con gran facilidad, y la comunidad que allí se congrega todavía puede aprovechar su espacio sagrado al igual que las generaciones anteriores. Pero otros edificios plantean dificultades insuperables. En estos casos, la comunidad local debe discernir si es mejor mantener el edificio por sus vínculos con el pasado o sustituirlo para servir mejor en al futuro. Estas decisiones requieren mucha oración, estudio y caridad.

Preguntas para conversar y reflexionar

1. ¿Cuáles son las principales características artísticas y arquitectónicas que hacen que un edificio de iglesia sea apropiado para celebrar la liturgia católica?
2. ¿Cuáles son las características más destacadas de su iglesia parroquial?
3. ¿Cómo interpreta usted esas características? ¿Para qué sirven?

Capítulo tres

El servicio del ministro del ambiente litúrgico

La liturgia es la participación del Pueblo de Dios en "la obra de Dios"... A aquellos que responden a Dios en el culto y en el servicio, se les otorga el privilegio de llegar a ser colaboradores del plan divino.

—*Edificada con piedras vivas, 19* (Ver *Catecismo de la Iglesia católica, 1069*)

Para comenzar

¡Bienvenido a uno de los ministerios ocultos de la Iglesia! Con humildad, con el corazón y la mente abiertos, y usando escaleras, hilo de pescar, telas y flores, usted trabajará cuando la iglesia esté vacía. Usted, los miembros de su equipo y el Espíritu Santo asumen la tarea de crear un ambiente que atraiga con mayor plenitud a los fieles a la oración, y harán su trabajo mientras el resto de la comunidad se ocupa de otras cosas. Quizá la planificación y preparación les lleve más tiempo que la disposición efectiva de los elementos del ambiente. En cualquier etapa del trabajo es esencial comenzar con una oración para que los esfuerzos rindan el fruto deseado: que los que se reúnen a rendir culto a Dios en este lugar recen con mayor profundidad.

Siendo "colaboradores del plan divino"[1] que ayudan a quienes lo adoran a entrar más plenamente en una relación que trasciende el tiempo y el espacio, los esfuerzos de los ministros del ambiente litúrgico deben tener una base sólida. Más allá de que su oración sea un versículo sencillo que se repite, o una Liturgia de la Palabra más elaborada, el centrarse en la oración le ayudará a recordar su privilegio de servir al pueblo santo de Dios.

Yo en cambio,
por tu gran bondad,
puedo entrar en tu casa
y postrarme en tu santuario
con toda reverencia.

Salmo 5:8

Desarrollar el hábito (personal y en grupo) de rezar antes, durante y después de su trabajo, les dará humildad, los llevará a tener en cuenta las ideas de los demás y, en el consenso que aparece, el Espíritu estimulará la creatividad

1. *Edificada con piedras vivas*, 19.

para producir un ambiente que trascienda los gustos personales, conectándolos, a ustedes y a la entera comunidad con lo eterno.

Este trabajo misterioso no suelen hacerlo teólogos ni filósofos, sino gente común, a veces con poca preparación o escasos estudios de liturgia. Medite esta historia de una típica iniciación al ministerio del ambiente litúrgico.

Tras muchos años, el grupo de decoradores de una iglesia parroquial se había desgastado y desbandado. Un integrante del comité de liturgia trabajó con otro de los fieles para arreglar la iglesia para la Navidad. Semanas antes se habían trepado al desván de la iglesia para inspeccionar los materiales disponibles: el pesebre, un par de viejos árboles de Navidad artificiales, una caja de luces enredadas, un par de guirnaldas para exteriores y una serie de banderas con una elaborada decoración de apliques de ángeles. Reunieron más voluntarios, cortaron un árbol natural, compraron lazos y guirnaldas de hojas perennes a los *scouts*, flores de nochebuena a los de octavo grado, y aprovecharon que la tienda local de artesanía tenía luces a precio de liquidación.

La mañana de Nochebuena la iglesia vibraba de actividad y de villancicos canturreados. Desde lo alto de una escalera, mientras colgaba banderas hasta el suelo, una de las nuevas decoradoras vio que su codirector, al otro extremo de la iglesia, platicaba afligido con dos voluntarias que se retiraron abruptamente. Negando con la cabeza, él se le acercó. "Luces azules", dijo. "¿Luces azules?", preguntó ella. "Para honrar a la Virgen María. El árbol debe tener luces azules", le contestó. Ellos habían comprado luces blancas, sin saber la historia de las luces enredadas que habían descartado. El presupuesto, el tiempo y la disponibilidad hicieron que esa Navidad no brillaran luces azules en la iglesia de San Juan Francisco Regis, pero los dos decoradores tomaron conciencia de la necesidad de tomar en cuenta los sentimientos de los fieles que interpretaban su ausencia como un desaire a la Madre de Dios.

Esa Navidad el árbol de la iglesia resplandeció con luces blancas, y la estatua de la Virgen María estuvo acompañada en su hornacina por una imagen de san José sosteniendo al Niño Jesús, rodeados de hojas perennes y nochebuenas honrando a la Sagrada Familia. Esa noche, en medio de una plática con los feligreses disgustados, en la que los dos nuevos encargados de la decoración admitieron su ignorancia y explicaron sus esfuerzos por honrar a María, un caballero emocionado los interrumpió. "Tengo que contarles", dijo, "lo importante que es para mí que este año hayan usado los banderines con los ángeles". Su esposa Elena, fallecida poco antes, había diseñado y cosido los banderines tiempo atrás, pero hacía unos cinco años que no se usaban.

Los cambios en la liturgia, incluso tan insignificantes como el color de las luces, pueden provocar reacciones emotivas. Aunque nadie puede intuir la forma en que cada uno de los fieles va a interpretar los cambios, el diálogo franco es bueno para todos. Durante las sesiones para planear importa hacerse preguntas como: "En años anteriores, ¿cómo se ha decorado la iglesia para la

Pascua?" o "¿Qué es lo que más le gusta de la iglesia durante el tiempo de Navidad?". Las entrevistas informales con gente de diferentes edades y grados de participación pueden producir un tesoro de orientaciones, y la mayoría se sentirán halagados de que los consulten. Conversaciones que comiencen con frases tipo "Cuando estuve de visita en Nuestra Señora del Lago, la semana pasada, vi que (lo que sea que haya usted visto y le gustaría implementar en su parroquia), ¿qué les parece?", servirían para minimizar las reacciones cuando se hacen cambios a costumbres añejas, generar ideas nuevas y atraer más miembros al equipo del ambiente litúrgico. Conforme los integrantes del equipo comparten estas ideas que descubren en pláticas individuales, el Espíritu influye y construye consensos que producen ambientes litúrgicos que, la mayoría de las veces, realmente acercan a la gente a Dios.

Los instrumentos de la ambientación litúrgica son objetos tangibles que comunican creencias y valores intangibles. No todo el mundo los verá de la misma manera que los miembros del comité del ambiente litúrgico; en parte porque no todos hemos tenido las mismas experiencias. En Navidad los ángeles tienen un marco de referencia claro en la Sagrada Escritura, pero para la familia de Elena tenían un significado más entrañable. Cuando alguien se le acerca a usted después de misa para quejarse, su reacción instintiva puede ser "Si no le gusta cómo lo hacemos, puede buscarse a otro". Estar abierto a las sugerencias de los fieles, incluso si llegan como desahogo o crítica, es parte importante del trabajo de todos los ministros. Agradecer a quien da su opinión, o decir "No lo había visto desde ese ángulo" o "Transmitiré su comentario al comité", son formas de honrar la presencia de Cristo en esas personas. A medida que abrimos las manos y el corazón en servicio amoroso, el Espíritu nos mueve a la comunión de unos con otros y con la Santísima Trinidad. Si esto ya suena desafiante, abramos algunas posibilidades que hacen todavía más complejo y desafiante el trabajo del equipo de la ambientación litúrgica.

Una iglesia de muchas culturas

Cuando hablaba en grandes reuniones, el arzobispo anglicano sudafricano Desmond Tutu solía invitar a la multitud a levantar la mano, luego a mover las manos, enseguida a mirarlas y descubrir que son un pueblo de Dios multicolor. La imagen que invocan sus palabras lleva a una conclusión muy importante: creemos que todas las personas son creadas a imagen y semejanza de Dios y, excluir a personas de otras culturas o razas, esperando que se asimilen a la cultura dominante, es una injusticia. Esto priva a las minorías de la hospitalidad que Dios desea para ellas, y también priva a aquellos en la cultura dominante de experimentar otras facetas de Dios que no podrán conocer sin tomar en cuenta a otras culturas.

Por su naturaleza, la esencia espiritual de la liturgia es acogedora e inclusiva. La liturgia expresa o debe expresar esa inclusión por medio de las oraciones, de la Sagrada Escritura y del Cuerpo y la Sangre ofrecidos desde el altar. Las decisiones de las comunidades sobre otros aspectos de la liturgia deben expresar también esa inclusión mediante la música y el entorno litúrgico. Las imágenes, colores y símbolos que adornan el espacio físico donde la comunidad se reúne para celebrar la misa, expresan nuestro compromiso de que todos se sientan acogidos y se encuentren con la pluriforme identidad de Dios. Sea que la mayoría de los fieles participe físicamente o que deba asistir a la misa siguiendo una transmisión en vivo o grabada, los ministros de ambientación litúrgica deben cuidar lo que la gente verá y el mensaje que se transmite con esas imágenes.

Un estudio encargado por los obispos de Estados Unidos en 2016 informó que más de 6,300 parroquias del país sirven a distintos grupos étnicos y culturales, y que las parroquias culturalmente diversas son las de más rápido crecimiento en Estados Unidos.[2] Si su parroquia aún no es diversa cultural y racialmente, es probable que pronto lo sea. La Conferencia de Obispos Católicos de Estados Unidos (USCCB) ofrece varios recursos para ayudar a las parroquias a *integrar* la diversidad cultural.[3] ¿Cómo realizar la integración cultural en la liturgia?

Es probable que su parroquia ya sea una comunidad acogedora. Los feligreses saludan amablemente a quienes llegan al templo y usan un lenguaje hospitalario. Brindan cortésmente ayuda a quienes la necesitan, sin importar su raza o cultura. Y, así como en su propia casa, se sienten encantados de atender a los demás. Sin embargo, en la vida parroquial, el objetivo no es esperar que los fieles que no pertenecen a la cultura dominante sean como invitados perpetuos. Una comunidad cristiana que valora la diversidad tiene por meta que todos participen sin reservas en los ministerios, en las celebraciones y en la vida parroquial.

¿Qué entendemos por cultura? ¿Cuál es el papel de los ministros que se encargan de la ambientación litúrgica y de fomentar la diversidad cultural en la parroquia? La Iglesia define la cultura de varias formas: la cultura incluye valores y formas de expresar la fe en Dios. La cultura tiene un lenguaje que se expresa de manera diferente, que expresa sentimientos y formas propias de vida. La cultura define los comportamientos como apropiados o inapropiados. La cultura incluye aspectos como símbolos, alimentos, ropa y el mobiliario del hogar.[4]

---

2. Mark Gray, *Cultural Diversity in the Catholic Church in the United States*, The Center for Applied Research in the Apostolate, 2016, https://www.usccb.org/issues-and-action/cultural-diversity/upload/Cultural-Diversity-Summary-Report-October-2016.pdf.

3. Ver "The Secretariat of Cultural Diversity in the Church," Fall/Winter Newsletter 2020, *One Church Many Cultures: The Good News of Many Cultures*, https://www.usccb.org/resources/FINAL%20 11.17.20%20WEB%20SCDC%20Fall%20Winter%202020%20Newsletter%20final3_0.pdf.

4. Vea los artículos sobre las características propias de las culturas que conforman la Iglesia en Estados Unidos en el sitio web de la USCCB, https://www.usccb.org/committees/cultural-diversity-church.

Para el Adviento, la ambientación podría agregar decoraciones del Simbang Gabi, novenario filipino de misas que antecede a la Navidad.

Los ministros de ambientación del entorno litúrgico tienen un papel único en la creación de un ambiente eclesial donde todos los feligreses y visitantes se vean a sí mismos como miembros de una familia. Observe críticamente la composición de su comité: ¿cómo están allí representadas las culturas y razas de la parroquia? Sea que su parroquia se parezca a una familia o esté integrada por comunidades paralelas que comparten cordialmente el espacio parroquial, ¿podrá la parroquia avanzar a crear entornos litúrgicos que reconozcan y valoren los diferentes grupos étnicos y culturales? Piense en la importancia de invitar e incluir a representantes de las diversas culturas de la comunidad parroquial a ser miembros del comité o consultores. Un anuncio en el boletín rara vez es efectivo para reclutar voluntarios, pero toda la parroquia se enterará de la invitación; sin duda, la invitación y la conversación personales son mucho más eficaces. Muestre un deseo genuino de escuchar y aprender. Pregunte a los feligreses, sean éstos inmigrantes recién llegados o feligreses de diferentes razas y etnias a quienes nunca se les ha pedido compartir sus ideas sobre el ambiente litúrgico. Pregunte cómo se veían las decoraciones en sus iglesias locales durante los tiempos y celebraciones del año litúrgico. Infórmese sobre los días festivos y las devociones importantes para ellos y las formas habituales de celebrarlas. Tome notas. Usted busca aprender sobre las sensibilidades estéticas de diferentes culturas: los diferentes colores, símbolos, objetos y arreglos a través de los cuales las culturas expresan fiesta, alegría, penitencia, espera, fortaleza, confianza, duelo o consuelo. ¿Cómo crea cada cultura un ambiente de reflexión y oración? Pregunte estas cosas antes de compartir sobre las costumbres actuales de la iglesia parroquial o las normas litúrgicas exigidas por los documentos.

Obviamente, no basta un solo representante. Entre los hispanoparlantes en Estados Unidos hay personas de países como Guatemala, El Salvador, Nicaragua y México; también hay familias de Colombia, Argentina, Ecuador, Chile, Bolivia o Puerto Rico, cada una de las cuales tiene sus propios modos o formas de celebraciones sacramentales, como la quinceañera (celebración especial del decimoquinto cumpleaños de una niña) y devociones como las Posadas o los Viacrucis vivientes. Los católicos afroamericanos de diferentes regiones de Estados Unidos tienen diferentes formas de celebrar. Los inmigrantes de las naciones africanas de Kenia, Camerún, Nigeria o Somalia tendrán historias muy diferentes que contar, al igual que los nativos americanos, vietnamitas, isleños del Pacífico, haitianos y jamaiquinos. La USCCB ofrece boletines y recursos sobre prácticas afroamericanas, amerindias, hispanas, o latinas, y asiáticas o isleñas del Pacífico. Revise algunos de estos recursos que le ayudarían a desarrollar preguntas específicas para los feligreses.[5] También consulte a los líderes de las parroquias cercanas que tal vez tengan más experiencia al respeto. En algunos casos, el lenguaje sería una barrera para la conversación. Si hay traductores disponibles, utilícelos. Las imágenes y los dibujos serían una buena alternativa de comunicación.

Formar el equipo

Además de implementar la diversidad de orígenes étnicos y raciales en el equipo de ambientación litúrgica, piense también en categorías de género y generación. Las personas mayores y los jóvenes suelen estar mal representados. Aunque quizás usted no consiga sumar a personas de cada categoría al comité, busque miembros diversos que estén dispuestos a dar sus puntos de vista y converse regularmente con ellos.

Además de las identidades, piense en las habilidades que necesita el equipo. Así como hay muchos dones, pero un solo Espíritu, también hay un equipo de ambiente litúrgico con muchos tipos de experiencia y habilidades. Para formar su equipo, tenga en cuenta las fortalezas de cada miembro y reclute nuevos elementos con las habilidades que faltan. Un grupo central de tres a siete miembros puede diseñar, planificar y preparar los materiales y luego contratar trabajadores para que ejecuten tareas específicas. Idealmente, alguien será el coordinador que también fungirá de enlace entre el personal parroquial y el comité de liturgia. No hace falta que cada miembro del equipo tenga todas las habilidades requeridas, pero sí que sea capaz de brindar y coordinar sus habilidades con las de otros para crear la ambientación litúrgica.

5. Busque información tecleando en su motor de búsqueda el grupo de interés y agregando "USCCB".

Para el grupo principal, los conocimientos de liturgia, diseño, arte y arquitectura son fundamentales. También requiere destrezas de comunicación, organización y planificación. Para este grupo funciona bien un compromiso de tres años con renovación rotativa. Si el primer año de pertenecer al grupo es para aprender, el segundo para encabezar y el tercero para entrenar a los nuevos integrantes, el grupo principal podrá seguir renovándose. Algunos miembros querrán renovar su compromiso por tres años más y otros pasarán a otros ministerios. El grupo principal deberá trabajar en forma conjunta con bastante anticipación a los tiempos litúrgicos, diseñando un plan que será ejecutado por muchos trabajadores. Se recomienda fijar la agenda anual con anticipación, incluso planeando las reuniones y los días de trabajo, para que los miembros estén presentes lo más posible y los voluntarios se organicen sin improvisaciones.

¿Qué pasa si las expectativas y los deseos de un grupo de parroquianos (sea de la minoría o de la cultura dominante) son muy diferentes a lo prescrito en los documentos de la Iglesia? El equipo (incluido el párroco) está, por supuesto, en deuda con las enseñanzas y normas de la Iglesia. Idealmente, buscarán comprender y explicar el razonamiento más profundo detrás de las normas y, al mismo tiempo, comprender la necesidad detrás del deseo del grupo para sugerir otras formas que satisfagan la necesidad.

¿Qué sucede si, luego de mucha consulta e investigación, el equipo se da cuenta de que la estética cultural y las expectativas de algunos de los grupos son a veces incompatibles? Por ejemplo, ¿qué pasa si la idea de una cultura de la alegría de la Pascua es la de "menos es más" mientras que la idea de otro grupo es "más es más"? Este tipo de incompatibilidades siempre han sido parte de la vida comunitaria, por lo que siempre hay que ejercitar la paciencia y el sacrificio. Visualicen esto como oportunidades para crecer en sabiduría y creatividad. El equipo podría intentar dejar de lado la ansiedad y la consternación y pensar en algunas estrategias. Por ejemplo, los grupos podrían turnarse amablemente, en una ocasión ejercitan la paciencia y el autosacrificio, y en otra, ven cumplidos sus deseos estéticos en la ambientación. O tal vez el equipo tenga una idea completamente nueva que satisface las necesidades de ambos grupos a la vez. Estas discusiones exigen franqueza y confianza. Si con el tiempo todos ven que el equipo está sinceramente comprometido en buscar formas de satisfacer las necesidades de todos y se comunica con honestidad, será más fácil llegar a soluciones.

Habilidades necesarias

Además de las habilidades vitales para solventar problemas grupales y de comunicación, tal vez se necesiten habilidades prácticas particulares para proyectos especiales: experiencia comercial en construcción como carpintería, instalación eléctrica, pintura o saber anclar ganchos en ladrillos. Los techadores, que no le temen a las alturas, manejan bien cualquier travesaño en las alturas. Se necesitan expertos en arreglos florales, en cuidado de plantas y costureros talentosos. También se requieren expertos en comunicarse, delegar y organizar tareas, tanto como hábiles cazadores de gangas y otros con buen ojo para los materiales necesarios.

Si usted se comunica claramente y con frecuencia que se necesita ayuda para la ambientación litúrgica, quizá estimule a los miembros de la parroquia a compartir sus talentos. Si se explican las tareas con claridad y coinciden con los talentos de los fieles, personas de diferentes edades se ofrecerán a ayudar. Busque trabajadores por medio de anuncios en el boletín semanal, boletines informativos, o en el sitio digital parroquial; invite personalmente y haga campañas en las ferias de talentos de la parroquia o en reuniones de corresponsabilidad. Hay mucha gente dispuesta a dar dos horas de su tiempo la mañana del Sábado Santo para preparar plantas o colgar banderas para la Vigilia Pascual. Cuando se expresan con claridad las necesidades e instrucciones, cuando con anticipación se establecen los plazos y los presupuestos, se logra que la transición de un voluntario a otro sea fácil y que los colaboradores vuelvan con gusto para el siguiente proyecto.

Los conocimientos necesarios

Conocer la liturgia

El desastre de las luces azules en la anécdota con la que comenzamos ilustra la importancia de conocer las costumbres de la comunidad. Pero usted necesitará conocimientos de otro tema fundamental, porque el foco de su trabajo es la liturgia. En cualquier guía anual para preparar la liturgia, como el *Sourcebook for Sundays and Seasons: An Almanac of Parish Liturgy* (ver la sección de recursos), se encuentra una buena descripción general de todos los elementos litúrgicos a los que se deberá prestar atención en el transcurso del año litúrgico en curso. Pero además de esas publicaciones específicas, usted deberá empaparse de los diversos aspectos de la liturgia: los ritos, la oración comunitaria de la Iglesia. Debe estar atento a las palabras de las oraciones y los textos bíblicos. Escuche la música con cuidado. ¿Qué exige el rito al celebrante y la asamblea en términos de posturas corporales y participación verbal? ¿Cómo funciona el mobiliario? ¿Qué elementos físicos hacen falta? Visite otras iglesias cuando celebren distintas liturgias y tome nota de cómo lo hacen. ¿Cómo se ha identificado la comunidad con el tiempo litúrgico que está celebrándose?

Convertirse en un estudiante de liturgia lo ayudará a convertirse en un ministro más eficaz del ambiente litúrgico. Profundizar en las Escrituras es un gran punto de partida. El estudio de las Escrituras basado en el leccionario puede realizarse en grupo en su parroquia o de forma individual a través de varios recursos (vea "Recursos"). También querrá dedicar tiempo a los documentos litúrgicos. Es especialmente eficaz reunirse con el equipo de liturgia para leer y conversar sobre documentos como *Sacrosanctum concilium* (la *Constitución sobre la sagrada liturgia*), el primer documento emanado en el Concilio Vaticano II de 1963, y la *Institución general del Misal Romano* (publicada con la tercera edicion del *Misal Romano*, 2018). De especial interés para su ministerio es el documento publicado en 2000 por la USCCB, *Edificada con piedras vivas: Arte, arquitectura y culto; Normas y orientaciones sobre arte litúrgico.*[6] Para el que recién comienza a estudiar, es importante que cuente con un mentor experto que lo guíe y responda preguntas. Su oficina diocesana de culto puede recomendarle ministros experimentados del ambiente litúrgico. Las diócesis a menudo ofrecen talleres y días de reflexión para ministros litúrgicos e información sobre organizaciones, convenciones y publicaciones nacionales; asegúrese de estar incluido en las listas de correo correspondientes.

En el sitio web de la USCCB (https://www.usccb.org/es/committees/culto-divino-en-espanol) usted puede hallar valiosa información sobre temas litúrgicos y algunos de los documentos ya mencionados. Algunos de ellos son emitidos por la Santa Sede (Roma), otros por la USCCB y otros por el Comité de Culto Divino (anteriormente conocido como el Comité de Obispos sobre la Liturgia o BCL). También encontrará aquí un enlace para adquirir el boletín del Comité de Culto Divino, que informa sobre los asuntos discutidos en las reuniones del comité y el progreso de varios ritos y documentos que se abren paso a través del largo proceso de revisión. También hay un enlace para el calendario litúrgico oficial de Estados Unidos, una publicación anual. Los tiempos litúrgicos, memorias, fiestas y solemnidades del año eclesiástico son la base del ambiente litúrgico. En la sección de recursos de este libro se refieren otros recursos que le ayudarán a seguir el año litúrgico. Especialmente importante es el *Ordo*, publicación regional anual que da los requisitos para la liturgia diaria. Debería consultar el *Ordo* para conocer el color litúrgico de un día determinado (consulte "Preguntas frecuentes" para obtener una explicación de cómo leer el *Ordo*).

Esfuércese por desarrollar una buena relación con los demás ministros litúrgicos y el personal de su parroquia. Deberá interactuar con ellos de manera fluida y frecuente. La buena comunicación entre los ministros de liturgia prevendrá contratiempos y distracciones durante las liturgias. Por ejemplo, deberá asegurarse de que los sacerdotes y diáconos tengan vestiduras que permitan un movimiento equilibrado para realizar todos los gestos sagrados sin temor a derribar los vasos sagrados, las velas o los arreglos florales. La

6. Los tres documentos referidos son localizables en línea, si usted busca sus nombres con su motor de búsqueda.

disposición de los vasos sagrados, libros y otros artículos necesarios para la liturgia debe prestarse a un acceso elegante.

Los sacristanes se aseguran de que los elementos necesarios para la liturgia estén en los lugares designados. Ellos pueden dirigirlo al *Ordo*, el *Misal Romano*, el *Leccionario* y el *Libro de los evangelios* (de haber uno en su parroquia), todos recursos importantes para su planificación.

Su trabajo podría tener un impacto positivo o negativo en otros ministros litúrgicos, por lo que hay que considerar su trabajo. Los lectores deben poder acercarse al ambón sin obstáculos que bloqueen su camino, y dependen de una buena iluminación para su ministerio. Los ministros extraordinarios de la Sagrada Comunión también deben desplazarse sin obstáculos. Converse con el director musical los símbolos prominentes en las lecturas para un tiempo litúrgico o un día determinado puede resultar en selecciones musicales y adornos de la iglesia que se refuerzan entre sí, y también el mensaje de la temporada, un resultado maravilloso de colaboración. Una buena comunicación ayuda a evitar problemas. Pero si coloca plantas cerca de un organista propenso a las alergias puede suceder un desastre.

A final de cuentas, el trabajo del ministro de medio litúrgico complementa el de otros ministros para conseguir que "toda la celebración... favorezca la consciente, activa y plena participación de los fieles, es decir, esa participación de cuerpo y alma, ferviente de fe, esperanza y caridad".[7]

En todos sus preparativos, la primera pregunta a plantearse es "¿Cómo servirá esto a la asamblea a participar más plena y activamente en la liturgia?". Luego pregunte, "¿Qué símbolos, colores, texturas y fragancias podemos usar para resonar con las Escrituras, los símbolos de la temporada, los ritos y la música?". Otra pregunta importante es "¿Cómo ejecutaremos este plan para que los ministros litúrgicos puedan realizar sus deberes con gracia e integridad?".

Conocer la comunidad

Observando la cita con la que comenzó este capítulo, queda claro que "la participación del Pueblo de Dios" es fundamental en la liturgia. Si los ministros del ambiente litúrgico van a usar los materiales de la naturaleza hábil y artísticamente para ayudar a que la asamblea responda a Dios en el culto y en el servicio, se convierten en "colaboradores en el plan divino"; para ello, es mejor que comprendan que las costumbres y culturas de las personas influyen en la forma en que leen la ambientación litúrgica. Las historias y observaciones que ya se relataron en el capítulo han demostrado lo complicado que esto resulta y han descrito algunas formas en que el equipo podría profundizar su conocimiento de las personas a las que sirve.

7. *Institución general del Misal Romano*, 18, con remisión a *Sacrosanctum Concilium*, 14.

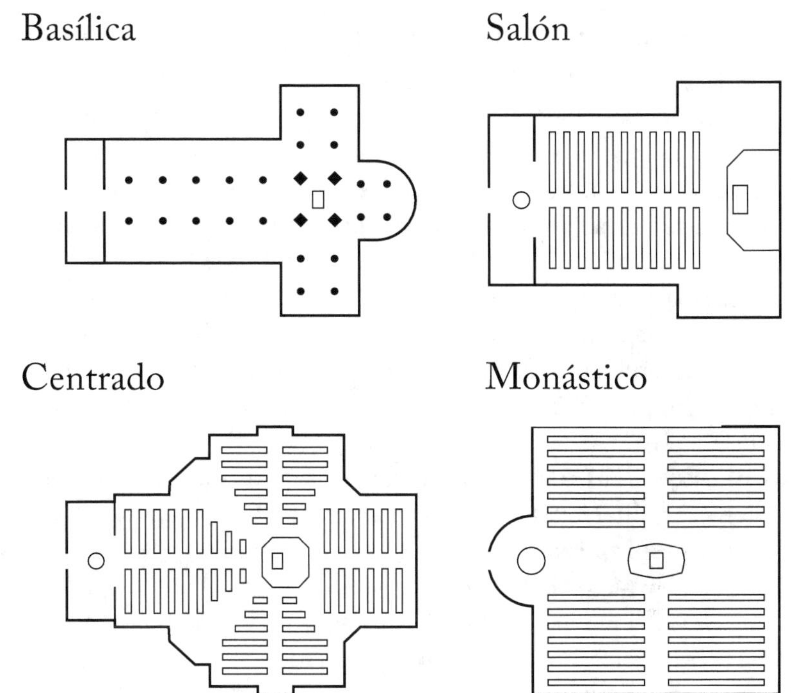

Figura 1. Planos típicos de iglesias.

Conocer la planta física y los recursos de la parroquia

Los aspectos mecánicos y arquitectónicos de su iglesia son de gran importancia para su trabajo. Conforme que el equipo comienza a planificar, querrá aprender sobre ubicaciones, normas y prácticas relacionadas con ventanas y puertas, calefacción y aire acondicionado, vigas y paredes, fregaderos y provisiones de agua, ganchos o perchas en paredes, el mobiliario, escaleras y escalones. taburetes, llaves de la iglesia, eliminación y reciclaje de basura, artículos de limpieza, tomas de corriente e iluminación.

Aprenda cuán involucrados deben estar el párroco y el personal parroquial en el trabajo del equipo: a quién consultar sobre qué temas y qué información pueden proporcionar.

Si aún no conoce usted la historia y las costumbres de la parroquia, pregunte cuándo se construyó la iglesia, quién es el santo patrono, las conmemoraciones locales, el significado de las obras de arte y el mobiliario. Deberá conocer cómo se ha decorado la iglesia para las estaciones del pasado, las necesidades especiales para bodas y funerales, los materiales de decoración y suministros disponibles y dónde se almacenan, a qué floristerías u otros proveedores suelen comprar, y el presupuesto asignado al equipo de ambiente litúrgico.

Ubique su edificio en la historia de la arquitectura litúrgica

Recuerde el sumario de la historia del ambiente litúrgico del capítulo anterior y piense en la planta y el estilo del edificio de tu iglesia. ¿Tiene estilo basilical, un rectángulo más largo que ancho con un pasillo central que lleva al presbiterio? ¿Tiene cruceros? Tal vez la forma del edificio sea más bien cuadrada, como una gran sala, pero con un pasillo central y el presbiterio en su extremo. ¿O tiene una planta más centralizada con una nave de forma semicircular, la asamblea se acomoda de modo que todos miren al presbiterio, y hay varios pasillos que conducen a este desde el exterior? ¿O tiene la zona de asientos del edificio (o de la capilla para la misa diaria) un diseño monástico, con la asamblea sentada a ambos lados de la iglesia y el altar, el ambón y la sede del celebrante en el centro?

Como se dijo antes, al construir una iglesia, varios factores pueden guiar las decisiones arquitectónicas: un estilo artístico preferido de la época, prácticas litúrgicas específicas o cuestiones teológicas. El DVD de LTP *A History of the Mass / Una historia de la misa* ofrece un maravilloso recorrido visual de los variados elementos arquitectónicos en las iglesias católicas, con catequesis sobre la misa. (Tal vez ya lo tenga su parroquia o biblioteca multimedia diocesana). Otra opción es buscar en Internet "Visitas virtuales" junto con "Iglesias católicas"; una búsqueda rápida arrojará muchas opciones. Lo que puede parecer engorroso en su edificio hoy en día probablemente tendrá más sentido ya visto en su contexto histórico.

¿Qué materiales se usaron para construir y decorar el edificio? Muchos materiales naturales como el mármol, la madera, el ladrillo y la piedra son los elegidos para muchas iglesias, pero la disponibilidad de recursos locales pudo llevar a recurrir a bloques de cemento, planchas de yeso y pintura. El techo de la iglesia puede ser una bóveda o una cuadrícula de tejas. Las ventanas ¿son de vidrio polícromo? El edificio ¿es nuevo, fue renovado recientemente, o se está haciendo una recaudación de fondos para restaurar o reconstruir el espacio actual? Hay que ver las características del edificio con ojo crítico. Analice las ventajas y desventajas del edificio a la luz del día, y también de noche. ¿Qué partes deben ser destacadas? ¿Qué zonas se beneficiarían con arreglos artísticos de telas o plantas?

Conocer de diseño

Si bien los miembros del equipo de ambiente litúrgico no necesitan estar entrenados formalmente en el arte del diseño, es útil que tengan una comprensión básica de los elementos y principios del diseño.

Cuando usted prepara el ambiente litúrgico, querrá tener en cuenta los elementos visuales en juego en los arreglos que crea: las líneas, formas, tamaños, colores, texturas y valores (claridad u oscuridad) de los objetos que usa. Estos

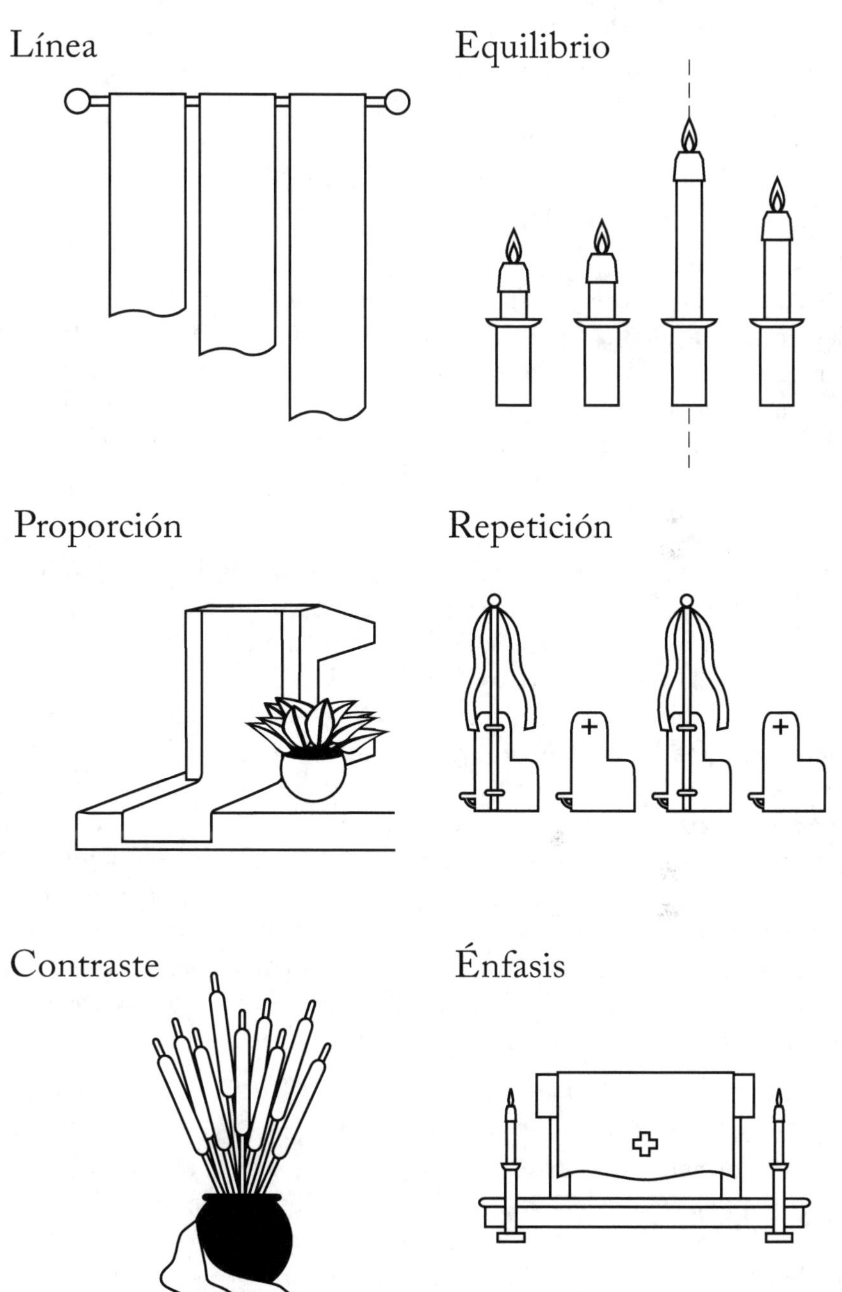

Figura 2. Principios básicos del diseño.

son elementos de un lenguaje visual que le permitirán crear el ambiente y acentuar los signos y símbolos que llevarán a la asamblea a profundizar en la liturgia de una época o un día determinados.

Ciertos principios de diseño pueden guiarlo a la hora de decidir cómo organizar las líneas, formas, tamaños, colores, texturas y valores de los objetos con los que decora el entorno. A continuación, se incluyen algunos conceptos básicos que debe comprender.

Línea

La línea es el borde formado cuando se encuentran dos formas, y también la orientación que adopta un arreglo. Líneas horizontales sugieren lo terrestre mientras que las líneas verticales llevan la mirada hacia lo alto y pueden ser como una metáfora de lo divino. Las líneas oblicuas sugieren movimiento, y los círculos sugieren un camino que nunca termina, una imagen de estabilidad y eternidad.

Relaciones de color

Será útil estudiar las relaciones entre los colores al verlos dispuestos en un círculo cromático. Los tres colores primarios (rojo, amarillo y azul) son los colores que no se pueden crear a partir de ningún otro color. Los colores secundarios (verde, naranja y morado) se crean mezclando los colores primarios. En el círculo cromático, se encuentran donde se superponen sus colores principales. (El verde cae entre el azul y el amarillo, el naranja entre el amarillo y el rojo, el violeta entre el rojo y el azul). Los colores terciarios son el resultado de mezclar un color primario y uno secundario: amarillo-naranja, rojo-naranja, rojo-violeta, azul-violeta, azul verdoso y amarillo verdoso. Los colores directamente uno frente al otro en el círculo cromático son colores complementarios, como rojo y verde, azul y naranja, o amarillo y morado. Cuando se colocan uno al lado del otro, lucen más brillantes. Un efecto diferente proviene de colocar juntos colores análogos, los que están uno al lado del otro en el círculo cromático, como azul-verde, verde y amarillo-verde.

Equilibrio

El ojo humano anhela el equilibrio. Los artículos grandes pueden equilibrarse con artículos pequeños usando colores más claros para artículos grandes, usando artículos más pequeños en proporción a los grandes o aumentando la distancia entre artículos grandes y pequeños. Visualice el punto central del arreglo y luego imagine colocar los elementos en una escala de equilibrio. El uso juicioso del espacio ayuda a crear equilibrio e impacto, por lo que no hace falta adornar cada centímetro de la iglesia. El entorno debe dar una impresión de equilibrio visual.

Proporción

La proporción es una guía para decidir tamaños. Un jarrón de seis pies de altura resultará armonioso en una iglesia con el techo a veinte pies de altura, pero resultará desproporcionada debajo de un techo de ocho pies de altura. Un gran altar de granito colocado encima de una predela (plataforma) de seis escalones requiere candelabros tan grandes que probablemente resultarán demasiado pesados para llevarlos en procesión. Una estatua del santo patrono de la parroquia de dieciocho pulgadas de altura pasa inadvertida si no se presta especial atención a su entorno: deberá quedar proporcionada con los objetos que la rodean. Para usar cortinas de tela o banderas de cintas debe tenerse en cuenta la altura, la profundidad y el ancho del espacio que ocuparán.

Repetición

La repetición de objetos refuerza tanto su forma visual como su significado simbólico, pero cuando la repetición carece de variedad resultaría aburrida. Si está agrupando velas como una forma de reforzar el símbolo de la luz, varíe la altura y la circunferencia de las velas, así como los soportes que utilice. La regla de tres puede ser eficaz en el diseño y en la teología. La disposición de los objetos en tríos crea una repetición visualmente agradable y evoca imágenes de la Santísima Trinidad.

Contraste

El contraste surge cuando se yuxtaponen colores, texturas o direcciones. El uso de tonos de colores, el equilibrio de elementos horizontales y verticales o la elección de colores opuestos entre sí en la rueda de colores crea contraste. La tela crepé combinada con arpillera puede hacer lo mismo. Aunque la liturgia restringe las opciones de color disponibles para nosotros, pueden usarse elementos naturales para crear contraste. Por ejemplo, imagine lirios color naranja brillante sobre un fondo de un azul real para celebrar la Asunción de la Bienaventurada Virgen María.

Énfasis

El énfasis da interés a un arreglo. Asegúrese de que el elemento predominante de su diseño comunique el mensaje principal del tiempo litúrgico, solemnidad, fiesta o memoria. El altar es siempre el rasgo dominante de una iglesia católica. Asegúrese de que el entorno que planea no oscurezca visualmente el altar como el foco principal del culto.

Unidad

La unidad es un elemento básico del diseño y también es un valor importante en la comunidad cristiana. Todos los elementos del entorno deben relacionarse, para crear un efecto de unidad y coherencia. En una iglesia muy grande, tal vez convenga dividir las tareas entre los miembros del equipo del ambiente litúrgico: que unos se ocupen del nártex, otros del presbiterio y otros de la nave. Planifiquen juntos asegurando la unidad del trabajo terminado.

Conocer del arte litúrgico, sagrado y devocional

Los ministros del ámbito litúrgico transforman los espacios de la iglesia utilizando arte temporal o transitorio. Los materiales utilizados y los arreglos hechos están destinados a durar nada más un día, una semana o una temporada litúrgica, aunque algunos artículos pueden almacenarse con cuidado para su uso repetido. A pesar de la naturaleza transitoria de esta obra, tiene un lugar seguro en la tradición de la Iglesia.

También entre las tradiciones de la Iglesia se encuentra el arte sacro, que puede ser de naturaleza litúrgica o devocional. Si su parroquia tiene ya estas obras, tome usted en cuenta su importancia y significado en la liturgia.[8] El arte sacro nos recuerda que somos parte de la Comunión de los Santos, que cuando nos reunimos para la Eucaristía, se nos unen todos los miembros del Cuerpo de Cristo. Incorpora imágenes de Cristo, la Virgen María, ángeles, santos y la Santísima Trinidad y debe integrarse en el diseño de la iglesia: en vitrales, frescos, murales, estatuas o íconos.[9] El crucifijo es siempre la obra de arte principal en una iglesia y debe ser honrado como tal.

Adornar o no la iglesia según los tiempos litúrgicos y las fiestas, realza la conciencia de la naturaleza festiva, solemne o penitencial de esos tiempos. La mente y el corazón de las personas reaccionan ante los sonidos, imágenes y fragancias de los tiempos litúrgicos, que se combinan para crear impresiones poderosas y duraderas de las ricas y abundantes gracias, peculiares de cada uno de los tiempos.

— Edificada con piedras vivas, 123

El equipo de ambientación no debe asumir la tarea de cambiar de lugar las obras de arte sacro, pero en diversos momentos del año puede dirigir la atención de los fieles hacia determinadas obras de arte. Para hacerlo correctamente, es fundamental identificar la diferencia entre el arte litúrgico y el devocional o piadoso. Se consideran arte piadoso las estatuas e imágenes de los santos y de la Virgen María, así como también las Estaciones del Vía Crucis. Pueden usarse los elementos del ambiente litúrgico para llamar la atención sobre estas obras de arte en los momentos correspondientes del año litúrgico, pero el arte piadoso nunca debe sustituir la liturgia. Las devociones inspiran una piedad que fluye desde y hacia la Eucaristía; el arte piadoso debe seguir la misma dinámica. No debe colocarse ni adornarse el arte piadoso de manera que compita con los puntos focales fundamentales de la liturgia, o que los obstruya. Estos son el altar, el ambón, la sede del celebrante y los pasillos para procesiones.

8. El capítulo 3 de EPV se ocupa del arte religioso.

9. EPV, 135.

Si las prácticas de la parroquia relativas al arte piadoso contradicen dichos principios, debe hacerse una transición suave a los principios litúrgicos y solicitar la ayuda del párroco y del liturgista. Cuando unos abuelos de la parroquia traen a sus nietos a ver al Niño Jesús en el pesebre navideño que se ha exhibido frente al altar desde que la abuela era niña, la corrección litúrgica no será un argumento de peso. Ya sea que muevan el pesebre a un costado del presbiterio o que preparen una hornacina especial en la nave o vestíbulo, si usted (u otra persona de las encargadas) ya hicieron la catequesis para explicar que el altar siempre es el foco primario, entonces la transición será menos violenta y más fácil de comprender. Tal vez el primer cambio encuentre resistencia, pero los posteriores, como un cambio en la localización de la imagen de la Virgen María durante el mes de mayo, serán menos conflictivos.

Las artes litúrgicas están totalmente relacionadas con los sacramentos de la Iglesia, mientas que las artes devocionales están diseñadas para enriquecer la vida espiritual de la comunidad y la piedad personal de sus miembros.

—*Edificada con piedras vivas*, 155

El diseño del ambiente litúrgico requiere, sobre todo, atención a los principios litúrgicos.

Conocer los símbolos

El ambiente litúrgico debe estar en equilibrio con el arte religioso y devocional de una comunidad. Los símbolos y elementos del entorno deben ser dignos y hermosos.

> Las iglesias… deben ser "aptas para las celebraciones sagradas", "dignas" y hermosas.[10] […] Las construcciones eclesiales y los trabajos artísticos que las embellecen son formas de culto en sí mismos, y ambas cosas inspiran y reflejan tanto la oración de la comunidad como la vida interior de gracia.[11] En cambio, las iglesias y los objetos religiosos que son insignificantes, artificiales, o carentes de belleza, pueden empobrecer la liturgia de la comunidad. La arquitectura y el arte llegan a ser un trabajo conjunto del Espíritu Santo y la comunidad local, para preparar los corazones humanos a recibir la Palabra de Dios y entrar más plenamente en comunión con Dios.[12]

Estos elementos no tienen por qué ser costosos y, por la naturaleza transitoria de las estaciones, hay que ser prudente en los gastos. Al mismo tiempo, es esencial tener un presupuesto que valore la importancia de la ambientación litúrgica para la oración de la comunidad. La dignidad y la belleza son inherentes al mundo natural: la variedad de pastos y hierbas; las texturas de piedra,

10. *Rito de la dedicación de una iglesia y un altar*, capítulo 2, numeral 3.
11. Vea Juan Pablo II, *Carta a los artistas*, 12.
12. EPV, 18, refiriendo al *Catecismo de la Iglesia Católica*, 1098.

madera y vidrio; la multiplicidad de frutas y verduras; la grandeza de ríos, lagos y océanos; la majestad de las estrellas, la luna y el sol. Hay que tener cuidado de utilizar materiales naturales siempre que sea posible y práctico. El clima de su región producirá símbolos naturales que hablarán por sí mismos. La cosecha en su comunidad significaría calabazas y trigo, o tal vez naranjas y toronjas. Los corales y las conchas marinas sugerirán agua en las comunidades costeras, mientras que los juncos y la grava natural harán pensar a los fieles del interior en los ríos y lagos. Usar recursos locales limita la necesidad de símbolos artificiales, pero si, por muy buenas razones, se eligen estos, debe preservarse la belleza.

La arquitectura y el arte llegan a ser un trabajo conjunto del Espíritu Santo y la comunidad local, para preparar los corazones humanos a recibir la Palabra de Dios y entrar más plenamente en comunión con Dios.

—*Edificada con piedras vivas*, 18 (*Catecismo de la Iglesia Católica*, 1098).

Durante la liturgia, los símbolos adoptan cuatro formas: acción, palabra, imágenes y música. Las posturas que asumimos muestran nuestra relación con Dios y la comunidad; las palabras que rezamos y la música que cantamos comunican creencias, emociones y tono. Por ser ministro del entorno litúrgico, usted se preocupa principalmente por las imágenes. Prestar atención a las otras formas de símbolos y consultar con los ministros de música en particular reforzará el poder de los símbolos. Cualesquiera que sean los símbolos seleccionados para el entorno litúrgico, deben hablar por sí mismos. Como equipo, pregunten: "¿Reconocerá la gente este símbolo y lo conectará con el tiempo litúrgico o la fiesta, sin mayor explicación?". Si el equipo se inclina hacia la idea de armar una inserción en el boletín para "explicar" el entorno, será porque los símbolos planificados no son suficientemente claros.

En ocasiones surgirá la tentación de ceder al gusto personal en lugar del estilo litúrgico apropiado. Resista la tentación de adoptar ideas de decoración que ve en revistas o programas de televisión. El ambiente litúrgico debe trascender las tendencias decorativas seculares; los símbolos y costumbres consagrados de la Iglesia elevan el arte del medio ambiente por encima de la moda; el efecto que desea es la "dignidad y nobleza" no lo "chic".

El trabajo por hacer

El año litúrgico es un ciclo que hace que el comienzo de cada nueva estación litúrgica sea el final de la anterior. Al prepararse para una nueva estación, dedique tiempo a organizar y cuidar los artículos que se retirarán de la temporada actual. Tome fotos desde diferentes ángulos. Tenga un cuaderno donde anote lo que funcionó bien, las ideas para el próximo año, los cambios que deben realizarse y el costo, la ubicación y la cantidad de plantas compradas.

Haga copias de listas de tareas, facturas, y la información de contacto de voluntarios.

Evaluación

Desarrollen un sistema para evaluar su trabajo. El equipo debe programar un momento que comenzará con una oración, para celebrar y evaluar toda la estación, tal vez con una comida sencilla. Inviten a un miembro del personal de la parroquia o del comité de culto para que los acompañe; escuchar cómo los demás perciben su trabajo es útil. Quizás una parroquia vecina o las oficinas diocesanas pueden recomendar un ministro experimentado y dispuesto a hacer una crítica de su entorno, ofreciendo sugerencias para mejorar. Antes de que termine el tiempo litúrgico, visiten otras parroquias en su área, particularmente la catedral, para sacar ideas. Si ven algo que les gustaría replicar, hablen con los miembros del equipo de ambientación litúrgica. Pidan permiso para tomar fotografías como referencia posterior. La imitación es halagadora y es probable que los diseñadores les den algunos consejos. Incluso pueden organizar un intercambio temporal de telas, jarrones o candelabros. Guarden toda esta información en un archivo o carpeta. Al siguiente año, esas notas serán muy útiles y los voluntarios que los sustituyan estarán muy agradecidos por esa información.

Limpieza, reparaciones y almacenamiento

Las tareas de limpieza y reparación, como quitar la cera de los candelabros o buscar a alguien que repare la figura de camello rota, conviene hacerlas de inmediato. Los jarrones y recipientes que se limpian antes de almacenarlos tendrán una vida útil más larga. Etiquete los materiales para acceder a ellos fácilmente. La organización es fundamental aquí. Si no hay armarios y gabinetes disponibles, pueden usarse cajas de plástico transparente de varios tamaños.

Planificar con anticipación

Antes de comenzar a planificar el próximo año o la próxima temporada litúrgica (dedique tiempo a orar y meditar en las lecturas bíblicas clave, como se indicó al comienzo del capítulo), familiarícese con las imágenes y colores comunes en el ambiente y arte litúrgicos. Esta tabla será una buena referencia mientras imagina y piensa en posibilidades.

Imágenes litúrgicas comunes	
Luz	Velas, cristales
Vegetación	El lirio es pureza, la rosa es amor, la granada es inmortalidad, el trigo es la Eucaristía
Eternidad	Plantas verdes/perennes, círculos, triángulo

Dios Padre	Nube, ojo, mano
Jesús	Pez, alfa y omega, cruz, cordero, ji (X) y ro (P), corona de espinas, luz
Espíritu Santo	Llamas, paloma, rojo
Santísima Trinidad	Tres círculos entrelazados unidos por un triángulo, trébol, flor de lis
Evangelistas	Cuatrifolio, hombre alado (Mateo), buey (Lucas), águila (Juan), león (Marcos)
Bautismo	Agua, concha marina, blanco, vela, crisma
Confirmacion	Paloma, llamas, rojo, crisma
Eucarístia	Trigo, uvas/vid
Matrimonio	Anillos entrelazados, blanco
Orden Sagrado	Evangeliario para los diáconos, cáliz para el sacerdote, báculo y anillo para el obispo, blanco
Penitencia	Morado
Unción de los enfermos	Óleo de los enfermos, imposición de las manos
Adviento	Corona con tres velas moradas y una blanca; símbolos de las antífonas "Oh"
Navidad	Pesebre, flores de pascua, estrellas, ángeles, luz
Cuaresma	Cenizas para el Miércoles de Ceniza, morado, cruz, estaciones del Vía Crucis, imágenes del desierto
Pascua	Lirios, símbolos bautismales, huevos, imágenes de la Resurrección
Pentecostés	Rojo, paloma, llamas
Tiempo Ordinario	Verde, símbolos tomados de la Sagrada Escritura, fiestas de este tiempo

Colores litúrgicos	
Blanco	Navidad, Pascua, solemnidades y fiestas del Señor (excepto la Pasión), solemnidades y fiestas de la Virgen María, los ángeles, santos que no son mártires, Día de Todos los Santos, matrimonio, entierros y otras fiestas designadas

Rojo	Pasión, solemnidades del Espíritu Santo, confirmación, Pentecostés, Domingo de Ramos, fiestas de santos mártires
Verde	Tiempo Ordinario Si el presupuesto lo permite, los verdes pueden variar entre el verde amarillento, verde brillante, verde cazador, verde oliva.
Morado/violeta	Adviento, Cuaresma Si el presupuesto lo permite, el Adviento lleva un morado azuloso que indica realeza y recuerda a María y la Cuaresma un morado rojizo que nos recuerda la penitencia y la Sangre de Cristo.
Dorado	Puede reemplazar o acentuar el blanco.
Rosado	Tercer Domingo de Adviento (Domingo *Gaudete*) y Cuarto Domingo de Cuaresma (Domingo *Laetare*)
Azul	No es un color litúrgico oficial, pero se usa a menudo en la decoración para poner acentos en el color del ambiente en las fiestas de la Virgen María.

Esta información le ayudará a elaborar la lista de artículos a comprar y que debe buscar durante todo el año. Así, el día después de Navidad, mientras los amigos se abastecen de papel de regalo y tarjetas de Navidad a mitad de precio, el equipo de ambiente litúrgico buscará en contenedores con descuentos del 90 por ciento en la tienda de artesanías del vecindario, cintas con alambre plateadas, doradas, rojas y blancas para la Semana Santa y Pascua. Antes que las flores de Nochebuena se marchiten, el equipo ya está midiendo y haciendo bastillas a las telas para Cuaresma. Mostrando consciencia de los recursos parroquiales, es prudente planificar con mucha anticipación a cada tiempo litúrgico. Planificar les permitirá aprovechar los descuentos de temporada y espaciar la carga de trabajo de manera que los voluntarios no estén sobrecargados durante lo que suelen ser momentos muy ocupados para las familias.

Planificar a largo plazo la ambientación litúrgica tiene varios componentes. Comience por identificar los eventos litúrgicos y seculares del tiempo litúrgico, los temas bíblicos y elementos especiales, celebraciones o necesidades de la comunidad local. Planillas para planificar similares a las de la tabla que se muestra a continuación le ayudarán a enfocar su trabajo. En este ejemplo, las lecturas bíblicas son del año A. Para compilar la tabla de lecturas, consulte un leccionario.

Planificación del ambiente litúrgico para el Tiempo Ordinario en verano (Domingo de la Santísima Trinidad hasta el Día del Trabajo)

Celebración	Color de las vestiduras
Domingos del Tiempo Ordinario	Verde
Domingo de la Santísima Trinidad	Blanco
Corpus Christi	Blanco
Sagrado Corazón de Jesús	Blanco
Natividad de San Juan Bautista	Blanco
San Pedro y San Pablo	Rojo
Asunción	Blanco
Otras ocasiones: Día de los Padres (bendición especial para los padres), Día de la Independencia, visita de una parroquia vecina (el celebrante puede usar vestiduras prestadas por esa parroquia), inicio de clases (bendición de los estudiantes y maestros), María Reina, Transfiguración, fiesta del santo patrono de la parroquia	Blanco, dorado o el más apropiado pastoralmente

Imágenes de la Sagrada Escritura	
Domingo de la Santísima Trinidad	Salúdense con el beso santo Pueblo necio Vida eterna Dios lento a la cólera y rico en misericordia
Corpus Christi	Maná del cielo, pan, copa, pan vivo, vivir para siempre, trigo celeste
Fiesta de san Pedro y san Pablo	"Simón , hijo de Juan, ¿me quieres?"; "Apacienta mis corderos"; la roca
Asunción de la Bienaventurada Virgen María	Arca, Virgen María Apocalipsis, doce estrellas, vestida del sol Bendito el fruto de tu vientre
Domingos del Tiempo Ordinario	Mandamientos Casa edificada sobre la roca Cobradores de impuestos

Recibe a los pecadores
La cosecha abundante
Llamado de los apóstoles
Hablar abiertamente
milagros (curación, naturaleza)
Primicias
Un sembrador salió a sembrar
Cizaña en medio del trigo
Una perla de gran valor
Panes y peces
Pedro camina sobre las aguas
"¿Quién dicen que soy yo?"
"Sígueme"

Enseguida, determine las zonas de la iglesia y sus alrededores que serán atendidos. Tenga a mano un plano que identifique todas las secciones y le permita dar un sí o no rápido según la estación. Idealmente, toda la edificación será incorporada, pero las condiciones climáticas y los recursos locales condicionarán las decisiones del equipo. Es mejor hacer bien algunas áreas y no que todas las áreas reciban una atención negligente o precipitada.

Conozca y observe las normativas de la Iglesia sobre la decoración del altar, el ambón y la cruz. Por ser la pieza más importante de la Iglesia, existen pautas específicas en cuanto al altar. No se le colocan decoraciones; sólo los elementos directamente necesarios para celebrar la misa. Las flores, con moderación, pueden colocarse alrededor del altar excepto durante la temporada de Cuaresma:

> En el Tiempo de Adviento adórnese el altar con flores con la moderación conveniente al carácter del tiempo, sin que se anticipe la plena alegría de la Natividad del Señor. En el Tiempo de Cuaresma se prohíbe adornar el altar con flores. Se exceptúa el domingo *Laetare* (IV de Cuaresma), las solemnidades y las fiestas.
>
> El empleo de las flores como adorno para el altar ha de ser siempre moderado y se colocarán más que sobre la mesa del altar, en torno a él.[13]

La moderación también rige para decorar alrededor del ambón; el ambón en sí no debe quedar oculto por los adornos. El *Misal Romano* señala que la cruz procesional puede estar decorada con ramas de palmera el Domingo de Ramos; en ningún otro momento se adorna la cruz. Si tiene dudas sobre la conveniencia de decorar un área particular de la iglesia, consulte a su párroco, liturgista o la *Institución general del Misal Romano* (IGMR), especialmente si piensa adornar un lugar que no ha sido tomado en cuenta en el pasado reciente.

13. IGMR, 305.

Áreas a decorar	Sí	No	Sólo en fecha especial
Presbiterio: Áreas cercanas al altar, el ambón, la sede del celebrante y la cruz			
Nave: pila, estatuas, credencia, mesas, podio del cantor			
Capilla para la reserva: el sagrario			
Vestíbulo (nártex)			
Jardín mariano			
Entrada exterior de la iglesia			
Estacionamiento			
Baptisterio			
Capilla para la reconciliación			
Otras áreas			

Habiendo completado esta planificación preliminar, el equipo debe dedicar tiempo para orar y conversar, desarrollando una visión común desde los parámetros de la temporada. En la muestra, el Tiempo Ordinario en verano exige un entorno más simple que el Tiempo Pascual que le precede. Las solemnidades del Domingo de la Santísima Trinidad y del Corpus Christi brindan la oportunidad de simplificar gradualmente después de la exuberancia de la Pascua, o pueden aprovechar la semana entre Pentecostés y el Domingo de la Sma. Trinidad para una transformación total. ¿Qué matices de color usarán? ¿Hay estandartes o imágenes particulares que resaltar? ¿Qué arreglos florales o vegetales conviene agregar?[14]

Una plantilla como ésta describe el plan para toda la temporada.

Tiempo litúrgico/ solemnidad/fiesta	Colores/símbolos
Tiempo Ordinario, verano	Verde
Junio	Verde amarillento Luz/primeros frutos Plantas verdes a las que se agregan flores para las fiestas especiales

14. *To Crown the Year* [Coronar el año], de Peter Mazar, brinda excelentes sugerencias; vea la sección de recursos.

Julio	Verde irlanda Trigo/perla Redes Siguen las plantas verdes de junio
Agosto	Verde salvia con acentos en verde cazador Trigo/cosecha/panes/peces/primeros frutos Siguen las plantas verdes de junio y julio; agregar algunos productos de huerta maduros
Domingo de la Santísima Trinidad	Blanco/dorado Bandera bordada de la Santísima Trinidad para el ambón Simplificar las flores del Tiempo Pascual
Corpus Christi	Blanco/dorado Trigo/uvas
San Pedro y San Pablo	Rojo Llaves/roca Agregar flores especiales, ¿rojas?
Asunción	Blanco Fruta/cosecha/estrellas/sol/luna Flores especiales; lirios, tal vez acentos en azul para la decoración

Ya con una visión de conjunto, cree bocetos de diseño simples. Estos son más fáciles de hacer si primero crean plantillas de las áreas a decorar. En sus bocetos, atiendan a los elementos de diseño. ¿Cuántas plantas se necesitan? ¿Dónde se colocarán? ¿Qué largos y anchos de tela en qué tono y textura? ¿A qué alturas se colocarán velas, estatuas y arreglos florales? ¿Qué candelabros se utilizarán para las procesiones y cómo disponerlos por sus dimensiones? Su visión del entorno completo guiará su plan de acción guardando cierta flexibilidad hasta el aspecto final.

Selección, uso y cuidado de los materiales

Desarrollen y mantengan una lista de materiales y suministros necesarios en su trabajo. Clasifiquen los materiales en secciones como telas, mantelería para el altar y la credencia, ferretería, flores o plantas, cintas, estandartes, estatuas o íconos, vasijas y vestimentas.

Tejidos y banderas

Al comprar telas, piensen en el uso que les darán. Los tejidos crepé o con mezcla de poliéster tienen buena caída, no pierden color, y pueden lavarse fácilmente. Las telas de colores lisos serán más versátiles que las estampadas. Usar texturas variadas producirá efectos diferentes.

Al elegir telas estampadas o diseños tejidos, ¿las formas o símbolos son apropiados para la liturgia? ¿Distraerán de la liturgia? Si hay dudas, elijan otra cosa. Los diseños pequeños son más adaptables, pero los estampados grandes en un solo tono de color pueden usarse sin exageraciones. Celebren la diversidad cultural usando telas batik, tipo *kente* o tejidas a mano cuando sea adecuado.

Colgar grandes cantidades de tela requiere práctica. Primero hay que pensar cómo sujetar la tela. Compren argollas sin fin que permiten cambiar las telas de lugar fácilmente, pero a veces resultan difíciles de disimular. Puede atarse hilo de pescar alrededor de la tela y engancharlo o clavarlo (usen el que aguanta cien libras). La compañía 3M fabrica tiras para montaje *Command* con ganchos ajustables, que sirven si hay una superficie lisa donde adherirlas. Algunas iglesias usan barras para cortinas para colgar la tela y otras hacen un sistema de poleas con ganchos, pero estas soluciones limitan los cortinados a los lugares donde se hayan fijado estos mecanismos. Muchas veces las vigas ofrecen un lugar del cual colgar telas, siempre y cuando haya una escalera o andamios lo suficientemente altos. A veces se decoran con telas el balcón del coro o el frente de los bancos. Usen piezas más pequeñas de tela para cubrir los pedestales de las plantas o crear una zona revestida común para un arreglo de plantas y flores. Ojo: si los bordes de la tela quedan a la vista, deben tener dobladillos. Que Las telas estén planchadas y sin arrugas antes de colgarlas.

Hay estandartes o banderines hechos con telas que son mezclas de poliéster o algodón. Al comprar tela para estos proyectos, consulte con quienes harán el trabajo artesanal pues el diseño impondrá requisitos al material y a los ribetes que se usen. Al respecto, *Edificada con piedras vivas* aconseja:

> El arte textil en forma de estandartes procesionales y colgantes puede ser una manera efectiva de transmitir el espíritu del tiempo litúrgico, especialmente a través del uso del color, la forma, la textura y las figuras simbólicas, El uso de imágenes, en vez de palabras, está más de acuerdo con este medio.[15]

Debido a que el entorno visual que crean para la liturgia no debe distraer la atención de las acciones, oraciones y lecturas de la liturgia en sí, es comprensible que las imágenes sean más apropiadas y efectivas que las palabras en los estandartes. Este principio plantearía un problema delicado cuando los grupos

15. EPV, 127.

escolares o de los programas de educación religiosa ayudan a crear el ambiente, ya que los estandartes suelen ser producto de proyectos de manualidades y suelen mostrar palabras. En ninguna circunstancia debe desalentarse a los niños o adolescentes de contribuir a la liturgia, pero el comité de ambientación litúrgica puede ayudar a los catequistas y maestros a orientar a los niños sobre qué imágenes y símbolos usar en sus estandartes.

Conviene que la belleza y nobleza de las vestiduras se busque no en la ornamentación sobreañadida, sino en el material que se emplea y en su corte.

— *Edificada con piedras vivas*, 164[16]

Manteles y paños del altar

El paño superior que cubre el altar es siempre blanco. Cuando se dedica una iglesia, se rocía el altar con agua bendita, se lo unge con crisma, se lo cubre con un paño blanco y se lo rodea de velas. Estos símbolos del bautismo que se usan en la dedicación del altar sirven para destacar su importancia. Es aquí —durante la consagración del pan y el vino— que se encuentran el cielo y la tierra. Al seguir la instrucción de "vestir" el altar de blanco, honramos su lugar en la liturgia.

Pueden comprarse los manteles para el altar donde proveedores religiosos, o pueden coserlos los fieles de la parroquia. Pueden ser adornados, con terminaciones de puntilla, o sencillos. Debajo del paño blanco pueden ponerse manteles de otros colores para indicar el tiempo litúrgico. Eviten usar manteles de fabricación comercial en el altar; usar las telas con diseños de Navidad, o Pascua florida, del inventario de la tienda le resta importancia al altar.[16]

Vestiduras

Aunque el color de la casulla y la estola del sacerdote y la dalmática del diácono lo dicta el ordo, las vestimentas pueden comprarse donde proveedores religiosos o diseñarse por los expertos en costura. Muchos sacerdotes y diáconos tendrán su propia colección de vestimentas que deben coordinarse con el medio ambiente. Para ocasiones o temporadas especiales, el equipo del entorno litúrgico querrá adquirir o producir vestimentas especiales.

Plantas y flores

Las plantas y las flores forman una gran parte del ministerio ambiental litúrgico. Hay que preferir las plantas vivas a las artificiales. Para muchos espacios, las plantas verdes como helechos, hiedras, bromelias, chefleras, *spatifilos*, cactus o palmeras son buenas opciones. Tenga en cuenta la luz natural que recibe su iglesia durante el día para elegir plantas que estén fácilmente disponibles en su área y que requieran cuidado mínimo. Los floristas o los viveros de su área pueden darle instrucciones para su cuidado. Limpiar periódicamente las hojas de las plantas y tratarlas con un producto de brillo de hojas extenderá su belleza.

16. Con referencia a IGMR, 344.

Al elegir flores y plantas que florecen, recuerden que debe mantenerse la ambientación durante todo el tiempo litúrgico: en el caso de la Pascua, son cincuenta días. Es previsible que en el transcurso del tiempo litúrgico sea necesario reemplazar las flores y las plantas en flor. Además de los típicos lirios de la Pascua de resurrección y las Nochebuenas en Navidad, hay otras plantas en flor que duran todo un tiempo litúrgico. En el Tiempo Pascual, los crisantemos, las calas, las azaleas, las crasas, y flores de bulbo como tulipanes, narcisos y crocos aportan belleza y fragancia. Trabajen con el proveedor de flores para asegurarse de que las plantas recién comiencen a florecer cuando las colocan en la iglesia. Más adelante pueden plantarse los bulbos en el jardín de la parroquia para que lo embellezcan cada primavera. Araucarias, acebo y romero dan interés y perfume al ambiente de Navidad. Pueden colocarse cuñas de madera debajo de las macetas para inclinarlas levemente de modo que las plantas "miren" hacia el frente. Es probable que algunas personas que concurren a misa diariamente estén dispuestas a regar y podar las hojas o flores muertas en el correr de la semana; el mantenimiento de las plantas y flores es un asunto de corresponsabilidad.

Usar flores y plantas naturales, en vez de artificiales, sirve como recordatorio del regalo de la vida que Dios ha dado a la humanidad.

La planificación del uso de plantas y flores debe considerar no sólo su obtención y ubicación, sino también el cuidado continuo necesario para mantenerlas vivas.

—*Edificada con piedras vivas*, 129

Las flores cortadas viven poco, pero son un agregado magnífico para las ocasiones gozosas y tienen un impacto inmediato. Sáquenle provecho al presupuesto para flores cortadas empleando estos trucos: cuando compren las flores, procésenlas de inmediato. Recorten el extremo de los tallos a un ángulo de cuarenta y cinco grados usando un cuchillo de hoja recta o una navaja (las tijeras aplastan el tallo e impiden que las flores chupen el agua) y arranquen las hojas del tallo. Luego coloquen las flores en un balde con agua tratada. Por cada tres litros y medio de agua, agreguen dos cucharadas de blanqueador con cloro y una cucharada de jarabe de maíz claro (clear corn syrup). El blanqueador impedirá que crezcan hongos y bacterias y el azúcar alimentará las flores. Dejen las flores en el balde durante dos horas por lo menos (lo mejor es toda la noche) antes de arreglarlas.

Cerciórese de que a alguien le sea asignado regar y cuidar las plantas y los arreglos florales durante la semana.

Para los novatos en arreglos florales, para espaciar las flores compre tubos florales en la tienda de artesanías de la zona. Necesitarán del tipo que termina en punta. Llenen los tubos de agua, vuelvan a poner el tapón de goma y coloquen dos o tres flores en el tubo. Agreguen un poco de follaje, tal vez helecho plumoso (*asparagus fern*) o flor de nube (*baby's breath*), y "hagan un arreglo" con los tubos insertándolos en las macetas con plantas. Las flores compactas como los claveles, las rosas y las margaritas son buenas para este propósito. Otra manera fácil de integrar flores a las plantas verdes es arreglarlas en floreros altos para capullos y luego colocarlos en medio de las plantas verdes.

En los meses de otoño e invierno, agreguen pastos secos o flores secas al ambiente insertando los tallos en la tierra de las plantas. Los anuncios en el boletín pueden producir abundantes materiales secos; que los voluntarios visiten a quienes tienen jardines para cosechar materiales. Una capa de laca para el cabello económica sellará los materiales secos y minimizará la caída de partículas y sus efectos en los miembros de la asamblea propensos a las alergias. También puede entretejerse una cinta en el follaje para agregar interés y color al tiempo litúrgico o la fiesta.

Las coronas o guirnaldas ofrecen una manera fácil de incluir flores cortadas en el ambiente litúrgico. Envuelvan las guirnaldas de vid u otros materiales secos con cintas e insértenles tubos florales pequeños. Coloquen las guirnaldas en la pared de la iglesia, úsenlas como base para una planta verde o cuélguenlas de los candelabros de pared. Pueden atarse guirnaldas pequeñas a la pared con alambre para dar interés a los cortinados de tela.

Los árboles de Navidad presentan un reto especial. La liturgia exige vegetación real y no artificial, pero los bomberos desaprueban los árboles vivos dentro de los edificios públicos. Basta que alguien llame al departamento de bomberos quejándose del peligro de incendio que representa el árbol para que ustedes tengan que desarmar el árbol del vestíbulo justo en Nochebuena. Una opción sería sujetar (o plantar) un árbol vivo cerca de la puerta de la iglesia. La mayoría de las iglesias tienen algún enchufe exterior; verifiquen dónde está antes de decidir dónde colocar el árbol. Las luces que brillan en la noche anuncian la época a los fieles que van llegando pero también a todo el barrio. Si deciden colocar un árbol vivo dentro de la iglesia, colóquenlo en el vestíbulo para que reciba a los fieles. Cuando sea posible, corten su propio árbol para asegurarse de que esté fresco, colóquenlo directamente debajo de uno de los rociadores contra incendios y manténganlo bien regado y nutrido. Mejor que usar luces eléctricas en el árbol, consideren la posibilidad de decorarlo con cristales de vidrio o estrellas de metal que atrapen y reflejen la luz natural. De ser necesario usar un árbol artificial, consideren la posibilidad de omitirlo de la ambientación. Durante el Adviento, algunas parroquias usan un gran ficus o un pino de la Isla de Norfolk para colgar etiquetas de regalo que los fieles se llevan para comprar regalos para los necesitados. Puede redecorarse este mismo árbol para el Tiempo de Navidad como recordatorio del espíritu generoso y de servicio de la comunidad.

Establecer una relación con un mayorista de flores de la zona para que se las suministre ayudará a reducir los costos, aunque deban procesar y arreglar las flores ustedes mismos. Si ningún miembro del equipo tiene habilidad para los arreglos florales, busquen un curso en los programas de educación de adultos de la zona. Un arreglo floral espléndido en el vestíbulo comunica la cualidad especial de una solemnidad o fiesta, incluso antes de entrar a la iglesia. Del mismo modo, los arreglos en el presbiterio expresan las ocasiones extraordinarias.

Es frecuente que los arreglos florales de los entierros o las bodas se dejen en las iglesias. Colóquenlos entre las plantas verdes o en lugares prominentes de manera que toda la comunidad disfrute su belleza. Cuando los arreglos comienzan a marchitarse, rescaten las flores más fuertes y colóquenlas en tubos para que su belleza dure más.

Algunas parroquias tienen jardineros entusiastas que mantienen los jardines hermosos. De aquí pueden venir flores y material vegetal para el ambiente litúrgico, embellecer el entorno y ser una bendición para el vecindario, e incluso pueden atraer a la gente a la iglesia. Al planificar un jardín de este tipo, considere el clima y los colores y tipos de flores y plantas a las que recurre al crear sus entornos litúrgicos a lo largo de las estaciones. Varios feligreses estarán dispuestos a ofrecer retoños y brotes de sus propios jardines. Las contribuciones y las recaudaciones de fondos servirán para comprar plantas adicionales. Inviten a algunos voluntarios para ayudar a desyerbar y a regar los jardines.

Cintas

Los banderines de cintas o listones dan un toque interesante y son duraderos. Colocados al aire libre, atrapan el viento e invitan a los fieles a entrar en el espíritu de la liturgia desde que llegan al estacionamiento. En las procesiones, anuncian una ocasión festiva. Puestos estratégicamente en la nave, hablan de la santidad del pueblo de Dios congregado a alabar.

El ambiente litúrgico para "Las mañanitas" forma parte importante de la celebración.

Siempre que sea posible, adquieran las cintas en carretes de cincuenta yardas o más. Los floristas y artesanos pueden sugerirles dónde comprarlas al por mayor, o bien las encontrarán en grandes cantidades en las rebajas después de las fiestas. Compren anchos diferentes, desde un cuarto de pulgada a tres pulgadas, y en una variedad de colores y materiales. Para Pentecostés, elijan rojo, anaranjado, dorado o amarillo. Se puede usar blanco y oro para honrar al santo patrono de la parroquia; agreguen algunos acentos en azul para honrar a la Virgen María. Los diferentes tonos de verde causarán entusiasmo en una celebración especial dentro del Tiempo Ordinario, por ejemplo, el aniversario del párroco. Corten la cinta en ángulo para que no se deshilache.

Las cintas también agregan interés a las plantas verdes, los arreglos florales o los árboles del jardín de la iglesia. Se las puede hacer serpentear por las plantas, o sujetar lazos en varillas de madera de floristería y clavarlas en la tierra. Las cintas enlazadas por los candelabros de pared o sujetas al armario del crisma dan vida a la ambientación.

Estatuas e imágenes

Desde hace mucho tiempo las estatuas y las imágenes han inspirado la imaginación de los católicos de todas las edades. La tradición de colocar imágenes o estatuas en las iglesias impulsa a los católicos a aprender y emular los muchos caminos a la santidad; las vidas de los santos nos dan esperanzas a todos.

Muchas parroquias tienen estatuas e imágenes que ocupan lugares especiales en la nave de la iglesia. Imágenes de la Virgen María, Jesús, la Sagrada Familia, san José y el patrono de la parroquia pueden tener lugares permanentes. Otras imágenes y estatuas darán realce al jardín de la parroquia, al vestíbulo, a los corredores de la escuela y las capillas. Hagan un inventario de todas las imágenes y estatuas de la parroquia y sus lugares habituales. No olviden las que puedan estar guardadas, tales como el pesebre o alguna que necesite reparaciones. Una vez hecho el inventario, tómense un tiempo para identificar los tiempos litúrgicos, solemnidades, fiestas y memorias correspondientes a cada imagen y anoten esto en el calendario del equipo.

Las imágenes que tienen un lugar permanente pueden ser destacadas en las fiestas que honran a los santos que representan. Los santos merecen especial atención durante tiempos festivos tales como la Navidad y la Pascua. Pueden drapearse telas alrededor de las imágenes, o acercarles plantas o flores para llamar la atención de los fieles. De vez en cuando mueva una estatua o ícono a otro lugar a manera de estimular la devoción. Con todas las obras de arte piadoso hay que tener cuidado de mantener la importancia de la imagen en su justa medida con relación al altar, el ambón y la sede del celebrante. Puede llevarse una estatua a un lugar destacado para un servicio de oración especial tal como la coronación de la Virgen María en mayo. Luego del servicio la estatua debe volver a su lugar habitual, o tal vez trasladarla al vestíbulo o a una capilla. Los santos nos guían hacia Cristo; ninguna imagen de un santo debe ocultar o tener prioridad sobre Cristo durante la celebración de la Eucaristía.

En ocasión de alguna fiesta o conmemoración, puede llevarse alguna otra estatua del inventario a un espacio más público. Piensen en la posibilidad de colocar plantas y cintas rojas cerca de una estatua de la Dolorosa en la fiesta de Nuestra Señora de los Dolores. Las flores y las telas plegadas pueden dirigir

Figura 3. Dos formas de acentuar una estatua con un drapeado de tela

la atención hacia una estatua de san Francisco de Asís en el jardín de la parroquia cuando las familias se reúnen allí para la bendición de los animales. Instalen focos en una hornacina o encima de un estante adecuado en el vestíbulo u donde la gente se reúne para conversar. En el transcurso del año, roten las imágenes de los santos para destacar los tiempos litúrgicos y ofrezcan catequesis sobre diversos santos. Las estaciones del Vía Crucis suelen estar fijadas en las paredes de la iglesia como forma de estimular a los fieles a unirse al caminar que exige nuestro compromiso con la cruz. Durante la Cuaresma, telas o cintas sirven para llamar la atención hacia dichas estaciones, pero hay que mantener la sencillez, como conviene al espíritu de este tiempo. Pongan especial atención en no ocultar las imágenes de las estaciones del Vía Crucis con decoraciones.

La mayoría de las culturas tienen particulares devociones y fiestas. Procuren reunir estatuas e íconos de los santos más queridos a los grupos culturales de su parroquia. Los católicos nativos americanos pueden centrar la oración y las actividades en torno a santa Kateri Tekakwitha, canonizada en 2012 por el papa Benedicto XVI. Cariñosamente conocida como "*Lirio de los mohawks*", fue criada por su tío, un jefe de la tribu mohawk, después de que toda su familia murió de viruela. Su fiesta es el 14 de julio. Conozca la causa de Nicholas Black Elk, catequista de Lakota, aprobada por los obispos de Estados Unidos en 2017.

Nuestra Señora de Guadalupe, festejada el 12 de diciembre, es una celebración importante para los hispanoparlantes, y realmente debería serlo para todos nosotros, ya que ella es la *Patrona de las Américas* (Sur, Centro y Norte). La celebración a menudo comienza antes del amanecer con "Las mañanitas", una serenata a Nuestra Señora, misa, una recreación de las apariciones de María Santísima a san Juan Diego, recepciones y quizás hasta mariachi. Las rosas rojas son un símbolo importante para esta fiesta, al igual que las imágenes de la Virgen de Guadalupe. Como a esta fiesta precede la de la Inmaculada Concepción el 8 de diciembre, ambos títulos de María pueden entrelazarse fácilmente con el ambiente del Adviento, tal vez con arreglos florales que combinen rosas rojas y lirios blancos, junto con un espacio devocional creado para imágenes representando ambos títulos.

Los católicos indios remontan sus inicios al apóstol Tomás, quien, según la tradición, llevó el Evangelio a la India. La India es única en el sentido de que tres ritos católicos —todos en comunión con el Papa y todos con inicios que se remontan a santo Tomás— están vigentes: el rito latino y dos iglesias de rito oriental (el siro-malabar y el siro-malankara). Particularmente en las partes del sur de la India, san Sebastián es un poderoso intercesor que se celebra con una novena, grandes festivales parroquiales y fuegos artificiales cerca de su fiesta del 20 de enero.

Para quienes visitan y pertenecen a la parroquia, ver imágenes de santos que se parecen a ellos, así como imágenes culturalmente apropiadas de Jesús y María, les dice en un instante que pertenecen ahí. Los santos Mónica, Josefina Bakhita y el padre Augusto Tolton (el primer sacerdote afroamericano de Estados Unidos) son importantes en muchas comunidades católicas negras, al igual que el arzobispo san Oscar Romero para quienes llaman hogar a El Salvador.

Para los católicos tagalos, la devoción al Nazareno Negro, una imagen de madera oscura tallada en México, vestida de granate y oro, y traída a Filipinas en 1606, es fundamental. Las procesiones en honor al Nazareno Negro (una imagen de Jesús cargando su cruz) ocurren tres veces al año, y Cristo, en esta imagen, es honrado con oraciones especiales cada viernes en Filipinas.

Crucifijos

Todas las iglesias católicas exponen un crucifijo durante la celebración de la misa. En la mayoría de ellas, el crucifijo es un elemento permanente. Cuando la iglesia tiene instalado un crucifijo, la liturgia no requiere cruces procesionales, pero éstas pueden ser una opción para que la comunidad conozca imágenes de Cristo cultural y artísticamente diferentes.[17] Dar acceso a distintas imágenes refuerza la unidad global de la Iglesia y valida las experiencias de muchos fieles de la parroquia.

17. EPV, 91, con referencia a IGMR, 122.

Es posible que la parroquia tenga o quiera comprar otras cruces para tiempos litúrgicos especiales del año. Durante la Cuaresma puede ponerse en el vestíbulo una cruz grande con pedestal, o llevarla en procesión para el rezo del Vía Crucis. Puede embellecerse el jardín de la parroquia incluyendo una cruz de piedra que resista los efectos del clima. Para el Viernes Santo, si es practicable, puede bajarse el gran crucifijo al nivel de la gente, o puede usarse otra cruz grande. Si razones pastorales sugieren dar a una gran cantidad de personas la oportunidad de veneración individual, puede usarse una segunda o una tercera cruz, pero es preferible una sola cruz.

VELAS

Las velas representan la luz de Cristo y durante la liturgia se las usa siempre. Compren velas de buena calidad a un proveedor religioso. Estas arderán de forma más lenta y limpia que las que se venden para uso doméstico. Los capiteles de latón ayudan a que las velas ardan de forma pareja; los bobeches protegen los pisos (y las manos de los acólitos) de la cera que chorrea. Hagan un inventario del tipo y número de candeleros disponibles en la parroquia. En las procesiones las velas deben llevarse con dignidad, por lo que deben estar bien afirmadas en candeleros o ciriales que se presten al movimiento procesional, sin que sean peligrosos. Tengan presente la edad y tamaño de los monaguillos, ya que ellos llevarán las velas. Los soportes para los ciriales cuando no están en uso, deben colocarse de manera que la cercanía de plantas, telas o cintas no signifique un riesgo de incendio, pero deben estar accesibles para que quienes los portan puedan dejarlos allí con facilidad.

Las velas votivas, las del sagrario, los candelabros para la bendición con el Santísimo y las velas de la dedicación requieren atención y mantenimiento. Hay que limpiar los soportes de las velas votivas en forma regular y revisar si tienen rajaduras o pintura saltada. Eviten poner una vela nueva en el vasito encima de una parcialmente consumida, ya que esto puede llevar al sobrecalentamiento y volverse un riesgo de incendio.

Las velas de la dedicación se colocan en candelabros de pared en por lo menos cuatro y hasta en doce lugares de las paredes de la iglesia. Estas velas marcan los lugares de las paredes de la iglesia que fueron ungidos durante la ceremonia de dedicación. El aniversario de la dedicación de la iglesia es un momento adecuado para encender estas velas, así como también otras ocasiones especiales. Cuando planeen usar las velas de la dedicación, pueden llamar la atención a su significado especial con coronas de flores, estandartes de cintas o telas.

El cirio pascual, como "el símbolo preeminente de la luz de Cristo",[18] deberá ser grande, hermoso y nuevo cada año. El propio equipo de ambientación, con los consejos de algún experto en artesanía de velas, puede fabricar

18. EPV, 94.

el cirio pascual. La vela misma es blanca; los símbolos que lleva pueden ser de colores decorativos. Algunas parroquias compran una vela lisa para que la pinte alguno de los fieles que tenga ese talento (las pinturas acrílicas van bien). En tal caso, den instrucciones claras sobre los símbolos que deben ser usados, y pidan al artista que entregue bocetos para ser aprobados antes de pintar el cirio. Son especialmente apropiados los símbolos y colores que evocan las imágenes bíblicas del bautismo (muchas de ellas están en las lecturas de la Vigilia Pascual). En muchos expendios hay a la venta cirios ya decorados sea en tamaños estándar o hechos a medida. Al escoger un cirio, tengan en cuenta el candelabro pascual que lo sostendrá. La altura y circunferencia del cirio deben ser proporcionales a ese candelabro. Consideren también el peso del cirio, porque será llevado en procesión en la Vigilia Pascual. El cirio pascual representará la Luz de Cristo durante el Tiempo Pascual pero también en los bautismos y funerales que se celebren a lo largo del año, por lo que debe ser lo suficientemente grande como para mantener ese simbolismo durante las muchas horas que estará encendido. Deberá ser evidente para todos que este cirio es la vela predominante de la iglesia, pero debe tener un tamaño proporcional al del edificio y la comunidad. Asegúrense de asignar fondos del presupuesto todos los años para comprar un cirio pascual nuevo. Al final del año donen el cirio a una parroquia de misión, o pártanlo en trozos y úsenlos para encender el fuego pascual, o bien llévenlo a un proveedor para que recicle la cera restante a cambio de un descuento sobre el próximo cirio pascual.

Vasos sagrados

La *Instrucción general del Misal Romano* (IGMR) presta especial atención a los tipos de recipientes a emplear en la liturgia. El cáliz, la patena, el copón y la custodia deben ser de materiales preciosos u otros materiales nobles como el ébano. Los materiales deben ser tales que no se rompan ni deterioren con facilidad. El diseño variaría según "las costumbres de cada región" con tal de que el vaso sea adecuado para su uso litúrgico y "se distinga claramente" de los que se usan en las casas.[19]

Los jarros para el vino no consagrado, las vinajeras para el agua y los recipientes para el rito del lavatorio de manos deben complementar al cáliz, vasos sagrados y patena, pero con un diseño sencillo para que no se confundan con los vasos sagrados.

Libros rituales

Los libros rituales merecen ser de un tamaño y tener una encuadernación que expresen la nobleza de su papel en la liturgia. El *Leccionario*, el *Evangeliario*, el *Misal Romano*, los rituales de los sacramentos, el *Bendicional* y los otros libros rituales tales como los que se usan para los ritos exequiales o los

19. IGMR, 332.

bautismos suelen estar encuadernados con materiales que denotan su importancia. Cuando el celebrante u otros ministros de la liturgia tengan necesidad de materiales que no están publicados —tal vez el texto de la homilía, de la Oración universal, o una bendición para una ocasión particular— estas hojas deben ir en una carpeta digna. Pueden usarse carpetas negras sencillas o pueden conseguirse las carpetas especiales para ceremonias, con los colores litúrgicos, que ofrecen diversos proveedores. Tal vez algún artesano habilidoso de la parroquia pueda forrar carpetas con materiales que complementen bien los banderines o vestiduras.

Incienso

El incienso, cuyo perfume y humo representan las oraciones del pueblo de Dios que suben hasta el cielo, se usa en los funerales, la dedicación de una iglesia, durante la bendición con el Santísimo y en muchos otros oficios litúrgicos. Su uso es optativo y generalmente dependerá de las preferencias del párroco. Los recipientes en los que se quema el incienso (sobre el carbón) se llaman incensarios o turíbulos. El incienso se guarda en una naveta con una cuchara pequeña que el celebrante usa para poner los granos de incienso sobre las brasas. La naveta puede ser una escudilla de cerámica o un recipiente ornamentado de latón, plata u oro. En las procesiones puede llevarse una escudilla abierta con incienso; los recipientes de barro con muchas aberturas que se venden en las tiendas de jardinería son una buena opción. Puede usarse arena para gatos como base liviana y no inflamable para las brasas, ya que esta aísla el recipiente y permite llevarlo sin peligro de quemarse las manos. Forren el interior del recipiente con papel de aluminio y luego agreguen una pulgada o más de arena para gatos. Deben prever fondos suficientes para el incienso; el incienso puro de combustión limpia es caro, pero bien vale el gasto porque produce un aroma más grato y duradero. Con frecuencia, el incienso más económico contiene material de relleno que puede hacer toser a la congregación. Prueben usar diferentes fragancias para las diferentes ocasiones. El perfume para la Pascua puede ser floral pero tal vez en un funeral sea más apreciada una fragancia almizclada.

Ferretería y herramientas

Para producir el ambiente litúrgico es indispensable una caja de herramientas bien provista. Tener a mano todo lo necesario evita viajes innecesarios a la ferretería cuando se está preparando la ambientación. Su caja de herramientas debe tener los siguientes artículos: martillos (para tachuelas, de carpintero y mazo de goma); destornilladores de diferentes tamaños y formas (puntas planas, cruz, de dado); regla de nivel y punzones; súper pegamento (*superglue*), resina epóxica, goma de pegar y pegamentos para madera; alicates y cortaalambres; un taladro con varias brocas de diferentes medidas y colores; cinta sella ducto (*duct tape*) de varios colores, cinta aisladora para alambres eléctricos, cinta adhesiva protectora (*masking tape*), cinta adhesiva de doble cara y cinta scotch transparente; alambre de diferentes calibres; cuchillos (de mondar, cuchillos cartoneros, de uso general y navajas); tijeras de diversos tamaños y tijeras dentadas; hilo de pescar de 100 libras (45 kg) de resistencia; pesas para cortinas; imperdibles, alfileres rectos y en T; engrapadoras y pistolas de grapas de diferentes medidas; clavos, tornillos, ganchos para colgar tazas, ganchos giratorios y otros elementos de fijación; tornillos y tuercas de diferentes tamaños; materiales para colgar cuadros; cinta floral adhesiva, cinta impermeable de florista, tubos florales y varillas; espuma floral, seca y mojada; cordel, hilo de cáñamo y cuerda; espátulas y raspadores para masilla; lana de acero; bandas elásticas; cuñas de madera; cinta métrica, regla y vara de medir; productos de limpieza (para cristales, para remover cera de madera), removedor de goma de mascar, detergentes y quitamanchas para alfombras y tapicería (consulte con el equipo de mantenimiento de la parroquia cuáles son los productos adecuados); escoba y recogedor; trapeador; bolsas para basura; serrucho pequeño y tijeras de podar.

Requerimientos prácticos de los tiempos litúrgicos

Adviento

El año litúrgico comienza con un tiempo de esperanza, de expectativa y preparación que recuerda la experiencia del pueblo judío de esperar al Mesías y que predice la segunda venida de Cristo. El color del Adviento es un morado azuloso que refleja la realeza de Jesús como el Rey Mesías. En esta época del año es muy frecuente usar una corona de Adviento. Asegúrense de tener una de tamaño considerable, proporcionada al espacio disponible, pero no tan grande que le reste importancia al altar. Si en la zona no crecen plantas de hojas perennes, consideren la posibilidad de construir la corona aplicando otro tipo de follaje, como el eucalipto exótico o los cactus, a una forma de corona. Las plantas verdaderas son preferibles al follaje de plástico. Piensen si les gustaría colgar la corona de Adviento encima del pasillo central de la nave; si deciden hacer esto, consulten con alguien que tenga experiencia en construcción para asegurarse de que el montaje sea seguro. Pueden colocarse ganchos o anillos en el techo de manera discreta para que no sea necesario sacarlos todos los años. Consigan una escalera de mano de altura adecuada para poder encender las velas suspendidas, armen un sistema de poleas para bajar la corona o agrupen las velas en el piso de la nave debajo de la corona suspendida.

Las lecturas bíblicas para el Adviento se refieren constantemente a la fidelidad de Dios, la participación voluntaria de la Virgen María en el plan de Dios, la venida del Mesías como hijo de María, la voz profética de Juan Bautista y la venida del Señor al final de los tiempos. El Adviento comienza cuatro domingos antes de Navidad, y su Primer Domingo es el que sigue a la solemnidad de Cristo Rey. Dentro del tiempo de Adviento se celebran la solemnidad de la Inmaculada Concepción (8 de diciembre), la fiesta de Nuestra Señora de Guadalupe (12 de diciembre) y las memorias de san Francisco Javier (3 de diciembre), san Ambrosio (7 de diciembre), san Juan Diego (9 de diciembre), santa Lucía (13 de diciembre) y san Juan de la Cruz (14 de diciembre). La Inmaculada Concepción, Nuestra Señora de Guadalupe, san Ambrosio y san Juan de la Cruz requieren vestiduras blancas; santa Lucía las requiere rojas. Si estas celebraciones son especialmente importantes en la parroquia, tal vez para esos días quieran colocar unas cintas o lazos del color indicado en las plantas.

El Segundo Domingo de Adviento se hace la colecta para el fondo de jubilación de los religiosos. Pueden exhibirse en el vestíbulo fotos de religiosos y religiosas que han servido a la comunidad, como forma de recordar su respuesta fiel al llamado de Dios al servicio. El Domingo Gaudete (Tercer Domingo de Adviento) permite vestiduras rosadas en lugar de moradas. Consideren la posibilidad de colocar rosas rosadas en medio de las hojas de la corona de Adviento u otros follajes o de agregar cintas rosadas a los arreglos.

Algunos años, el Cuarto Domingo de Adviento se volverá Nochebuena al atardecer. Planifiquen el ambiente de modo que la transición sea fácil. Pueden hacerse agregados graduales al ambiente de Adviento para ir preparando la gloria de la Navidad.

Navidad

El comienzo oficial de este tiempo es la vigilia de la solemnidad de la Natividad del Señor. La celebración de la encarnación requiere un ambiente gozoso, con blanco y oro, y abundantes imágenes conocidas. Con frecuencia se usan Nochebuenas (de pascua o poinsettias) y guirnaldas de perennes; en este tiempo litúrgico no tengan miedo de incluir plantas y flores inesperadas como amarilis y lirios, que representan a la Virgen María. Se pueden entrelazar guirnaldas de cuentas doradas o de perlas en las plantas, o sujetarlas con cintas a la pila o en el extremo de los pasillos. Los cristales que atrapan la luz o las velas colgadas a cierta altura reflejarán la luz en diferentes momentos del día. Los símbolos de Cristo tomados de las antífonas "Oh" de la última semana de Adviento pueden ser una transición fácil a la Navidad.

La encarnación celebra la unión de Dios con la humanidad; cualquiera que sea la decoración que escojan, debe adecuarse a las necesidades prácticas de la asamblea en esta época. Por ejemplo, recuerden que las iglesias estarán llenas a capacidad para las misas de Navidad; para algunas personas es una de las pocas veces al año en que van a la iglesia. Para que todos se sientan bienvenidos, hay que dejar suficiente espacio en los pasillos y otras zonas en las que se desplazará mucha gente. Infórmense de las exigencias de los bomberos para la seguridad del edificio y cómo se las arreglará la parroquia para acoger a mucha más gente de la que normalmente asiste. ¿Sería posible agregar sillas en algunas zonas de la iglesia? Para la gente que no cabe, ¿se ofrecerán sillas en un espacio contiguo y transmisión por video en vivo de la liturgia en la iglesia? Cualquiera de estas soluciones tendrá efectos en el ambiente litúrgico que se prepare.

El pesebre de Navidad es un elemento piadoso de la ambientación; colóquenlo en un rincón designado del lugar de reunión, en una hornacina o rincón, en el extremo de un pasillo o en una capilla devocional donde la gente puede reunirse cómodamente antes o después de la misa. Los árboles de Navidad colocados fuera de la puerta de la iglesia, las luminarias y las luces colgadas de los árboles de la parroquia dan la bienvenida a los fieles y catequizan al barrio.

El tiempo de Navidad está repleto de solemnidades, fiestas y memorias, entre las cuales las fiestas de san Esteban (26 de diciembre), san Juan Evangelista (27 de diciembre), los Santos Inocentes (28 de diciembre) y la Sagrada Familia (que se celebra el domingo siguiente a Navidad). La solemnidad de la Epifanía se celebra tradicionalmente el 6 de enero y ritualmente el domingo siguiente a la solemnidad de santa María, Madre de Dios (1 de enero). La Navidad termina oficialmente con la fiesta del Bautismo del Señor, que marca el comienzo del ministerio público de Jesús.

En algunos lugares se invita a los fieles a hacer donativos para las flores de Navidad, a veces en memoria o en honor de los seres queridos. Cuando desarmen el ambiente de Navidad, invítenlos a llevarse flores de pascua u otras plantas en flor. En climas más fríos ofrezcan bolsas de plástico para un traslado más seguro de las plantas.

Si planifica con anticipación suficente, tendrá más tiempo para los cambios pertinentes.

Tiempo Ordinario, invierno

El Tiempo Ordinario requiere vestiduras y decoraciones verdes. Durante los meses de invierno, escojan tonos de verde más oscuros, como el lima o el hierba. Un ambiente más sencillo marca la transición desde la Navidad. Guíense por la naturaleza de la zona. Los arreglos secos de hierbas y plantas perennes serán la base del ambiente en este tiempo, agregando a veces las flores frescas de las bodas y funerales o para marcar las fiestas de importancia local.

La fiesta de la Presentación del Señor (la Candelaria) es el 2 de febrero. Este es el día en que tradicionalmente se bendicen las velas que se usan en las casas. Tanto si se invita a los fieles a que traigan sus propias velas como si se les proporcionan velas sencillas, agreguen una buena cantidad de velas a la decoración para esta fecha. El Tiempo Ordinario celebra las memorias y fiestas de muchos santos. Consulten un calendario litúrgico y marquen las que son importantes localmente con flores, telas o cintas especiales. Al hacer los planes, presten atención a la duración del Tiempo Ordinario. Algunos años dura unas pocas semanas antes de la Cuaresma.

Cuaresma

La Cuaresma comienza el Miércoles de Ceniza y termina con la misa de la Cena del Señor el Jueves Santo. Decimos que la Cuaresma dura cuarenta días, haciendo un paralelismo con el tiempo que estuvo Jesús en el desierto, pero no es una cuenta exacta. Del Miércoles de Ceniza al Jueves Santo hay en realidad cuarenta y cuatro días. Este tiempo de arrepentimiento y conversión, que anticipa la pasión y muerte de Cristo, usa un violeta rojizo que nos recuerda la sangre derramada por nosotros. Un tono de austeridad solemne orienta el ambiente litúrgico, pero debe haber decoraciones suficientes como para contrastar con la total aridez que reclama el Viernes Santo.

Las personas que se disponen a ingresar a la Iglesia en Pascua están en un período de intensa preparación. Los ritos especiales para los catecúmenos y los candidatos pueden exigir ciertas añadiduras sencillas o un nuevo arreglo del ambiente; verifiquen esto con el liturgista o sacerdote. El Domingo de Ramos es el último domingo de Cuaresma, y marca la entrada de Jesús a Jerusalén en medio de la agitación de palmas y voces de "¡Hosanna!". Las vestiduras para el Domingo de Ramos son rojas; integren el rojo al ambiente de Cuaresma que ya existe. El uso de abundantes palmas de variadas formas y tamaños puede indicar el Triduo que se observará en pocos días. Consideren la colocación de ramas de palma cerca o alrededor de la pila bautismal, el armario del crisma y por toda la nave. Las personas reunidas para la liturgia del Domingo de Ramos llevarán palmas en procesión. Tal vez quieran comprar algunas crasas u otras plantas pequeñas en flor para usar el Domingo de Ramos, luego sacarlas y volver a usarlas el Jueves Santo y finalmente para el ambiente de Pascua

Sagrado Triduo Pascual

Estos tres días marcan la transición de Cuaresma a Pascua y son los días más sagrados del año litúrgico porque recuerdan el misterio pascual en un rito

Un altar honra la memoria de los fieles difuntos.

solemne y espléndido. El Triduo Pascual exige un gran esfuerzo al equipo de ambiente litúrgico porque cada día requiere un tratamiento especial.

El color del Jueves Santo es el blanco. Suele celebrarse la misa parroquial al atardecer; en muchas diócesis se habrá celebrado la misa crismal más temprano ese día o incluso en uno previo de esa semana. Al recordar la institución de la Eucaristía y el sacerdocio, la Iglesia también recuerda el lavatorio de los pies y el servicio que se requiere a todo discípulo de Jesús. Al final de la misa, se lleva al Santísimo Sacramento en procesión desde el altar de la iglesia al Monumento —generalmente en una capilla— para nuestra adoración.

Al final de la misa de la Cena del Señor el Jueves Santo, se desnuda la iglesia y se la prepara para el Viernes Santo. Tengan esto presente al planear la ambientación. Escojan plantas y velas que puedan ser llevadas fácilmente en procesión desde la iglesia a la capilla del Monumento o Tabernáculo. Determinen cómo se hará el rito del lavatorio de los pies: ¿Se acercará la gente al sacerdote que se queda en un lugar fijo, o se desplazarán el sacerdote y los ministros de una persona a otra? ¿Dónde se colocarán la jofaina, la jarra y las toallas? ¿Cómo se rellenará la jarra? ¿Dónde y cómo se colocarán las sillas o bancos para los que serán lavados? Deje espacio suficiente para que los movimientos durante este rito importante sean dignos, y asegúrense de que el lavatorio de pies se desarrolle donde la asamblea pueda verlo.

El pan y el vino que se usan el Jueves Santo merecen especial atención. Puede ser la única vez en el año que los fieles cuezan el pan para la misa, o que se use un vino de apariencia o sabor diferente al habitual. Si hay un cáliz y una patena más festivos, úsenlos en esta ocasión. Si emplean vestiduras más formales, los fieles notarán que ésta es una noche especial.

La parroquia puede tener una capilla del Santísimo separada. De lo contrario, establezcan un lugar especial para el Monumento, donde se adore la Eucaristía durante la noche. Para preparar el lugar donde terminará la procesión, recuerden que inicialmente se congregará una gran cantidad de gente, y sólo quedarán unos pocos cuando se pronuncien las oraciones finales. Una disposición sencilla de velas, plantas y telas ayudará a comunicar la importancia de esta vigilia.

El Viernes Santo no se celebra la misa. El oficio principal celebra la pasión del Señor, que incluye la Liturgia de la Palabra (con la Oración universal), la Adoración de la Santa Cruz (con unas oraciones especiales o improperios) y el rito de Comunión. Puede rezarse el Vía Crucis en otro momento del día.

Para el Viernes Santo, se sacan todas las plantas. Se quitan o se cubren las velas votivas; el altar queda desnudo. El color del Viernes Santo es el rojo, que aparece en las vestiduras del sacerdote y en los lienzos que cubren la cruz. Durante el oficio del Viernes Santo, se descubrirá la cruz. Esto significa haber diseñado un paño para cubrir la cruz que sea fácil de retirar; pueden colocársele tiras estratégicas de tela roja de manera que permita irlas quitando por etapas; los monaguillos deberán practicar estos movimientos por adelantado, especialmente si se coloca la cruz por encima de ellos.

Se disponen velas y un lienzo sencillo para el altar y un corporal para la distribución de la Comunión, los cuales se quitarán tan pronto termine el oficio.

Aunque la idea de empezar a poner las decoraciones de Pascua después del último oficio del Viernes Santo puede ser muy tentadora, honren este día dejando la iglesia totalmente sin adornos; hagan planes para comenzar la decoración el sábado de mañana, después del rezo de Laudes o la oración matutina.

Sábado Santo

El Sábado Santo es el día final de preparación para los catecúmenos y candidatos. Después de la Oración de la mañana o Laudes, pueden participar en el rito del *Effetá* (Ábrete) o en la elección de un nombre bautismal. Tengan presente que cuando estén haciendo los preparativos para la Vigilia Pascual, estarán compartiendo el espacio con ellos.

La Pascua celebra la resurrección de Jesús que redimió a la raza humana. Este tiempo glorioso, lleno de aleluyas, comienza con la Vigilia Pascual. Usen blanco y oro o plata en abundancia; acentos de color azul pueden traer a la mente los colores del bautismo. Llenen la iglesia con el perfume de las flores de primavera: lirios de diferentes tipos, tulipanes, crasas, narcisos o jacintos. Este es el momento del año para invertir en plantas verdes nuevas; acomoden hiedras y plantas en flor juntas en canastos. Deben acentuarse los símbolos del bautismo, por medio del cual entramos a la vida con Cristo. Destaquen la pila con flores y plantas, pero asegúrense de que pueda llegarse a ella fácilmente para los bautismos que se celebrarán durante la Vigilia. Las cintas colgadas encima de la pila, o los banderines detrás de ella, llaman la atención al importante papel que ésta juega en este tiempo. El armario del crisma, donde se guardan los óleos sagrados, merece atención, y el candelero del cirio pascual puede ser decorado con flores. Piensen en la posibilidad de poner flores frescas alrededor del candelabro pascual (para más comentarios sobre el cirio pascual, vea las páginas 56–57).

La Vigilia Pascual se inicia encendiendo un fuego ceremonial, si es posible al aire libre, del cual se enciende el cirio pascual. Adquieran braseros capaces de contener el fuego pascual o, si la comunidad lo consiente, pidan a jóvenes exploradores con experiencia que preparen el fuego.

La llama del cirio pascual va compartiéndose con todos los miembros de la asamblea a medida que avanzan en procesión hacia sus lugares en la iglesia portando pequeñas velas. Adquieran velas de procesión con tulipas para protegerlas del viento o con discos de cartón para proteger las manos de la cera que se derrite. Coloquen las velas en canastos para distribuirlas con facilidad a medida que la gente se congrega, y dejen en cada banco recipientes para las velas apagadas para proteger el tapiz de la cera que chorree.

¿Cómo será la celebración de los bautismos esta noche? ¿Por inmersión o derramando agua? Los bautismos por inmersión requieren muchas toallas grandes para los recién bautizados cuando salen de la pila. También es prudente hacer un camino de alfombritas de plástico o alfombras para evitar los resbalones en los pisos duros o que se empape el alfombrado de la iglesia.

La Vigilia Pascual puede durar tres horas o más. Los arreglos del ambiente deben permitir la realización de todas las procesiones de la Vigilia, incluyendo la procesión de la asamblea que entra a la iglesia desde donde se encendió el fuego, y los diversos desplazamientos vinculados a las iniciaciones. Tengan especialmente en cuenta el número de personas que serán bautizadas o confirmadas, sus padrinos y familiares, para garantizar que puedan moverse con facilidad a medida que se desarrollan las iniciaciones.

Tiempo de Pascua

La Pascua dura cincuenta días. Es necesario prever fondos para comprar una nueva ronda de flores a mitad de temporada, ya que las flores del conjunto inicial irán marchitándose. La última celebración del Tiempo Pascual es la solemnidad de Pentecostés, que exige vestimentas rojas. Para la Vigilia y el Domingo de Pentecostés, transformarán la iglesia. Las telas rojas, símbolos de las llamas y el viento, son parte de la experiencia de Pentecostés. Pueden sujetarse cintas rojas y doradas con campanillas a astas de banderas para llevarlas en la procesión o colocarlas fuera de las puertas de la iglesia donde el viento agite las cintas para recibir a quienes llegan. Quiten las flores pascuales, lustren y poden las plantas verdes y agreguen claveles rojos o rosas para hacer un contraste claro con el tiempo anterior.

Tiempo Ordinario a finales de primavera, verano y otoño

El Tiempo Ordinario de fines de primavera comienza con el Domingo de la Santísima Trinidad y Corpus Christi. Mientras sacan a relucir los materiales verdes y simplifican el ambiente, piensen en una gama de verdes que refleje la naturaleza de la región. En la primavera usen el amarillo verdoso del pasto nuevo y más adelante el verde trébol de las plantas de verano. Según se acerca el otoño, consideren los verdes dorados de los campos listos para la cosecha. El Tiempo Ordinario incluye la solemnidad de la Asunción, la fiesta de la Transfiguración, la fiesta de la Exaltación de la Cruz, la solemnidad de Todos los Santos, la conmemoración de los Fieles Difuntos y concluye con la solemnidad de Cristo Rey. Destaquen cada celebración cambiando los materiales, agregando flores o simplemente creando diferentes conjuntos de plantas verdes.

Durante el mes de noviembre, la Iglesia conmemora de manera especial a los que "nos han precedido en el signo de la fe".[20] Por todo ese mes puede exhibirse cerca de la pila bautismal, junto con el cirio pascual, un libro con los nombres de los miembros difuntos de la parroquia. En las misas del Día de Difuntos, coloquen y enciendan velas adicionales en el presbiterio para representar a los difuntos. Puede invitarse a familiares de los que murieron durante el año a que se lleven una de las velas después de la misa; también puede invitárselos a traer una foto de su difunto para exhibirla en el nártex o donde se congregan los fieles.

Los feligreses de origen latinoamericano celebran el recuerdo de sus seres queridos especialmente en la Conmemoración de todos los fieles difuntos, el Día de los Muertos. En tanto que la fecha puede ser triste para muchos estadounidenses de ascendencia europea, el Día de los Muertos tiene un toque de fiesta familiar. En efecto, en muchos lugares de Latinoamérica, las familias suelen llevar una ofrenda (alimentos) a las tumbas de sus seres queridos y experimentan una sensación de reencuentro y alegría. Incluso si las familias no pueden celebrar exactamente como lo harían en su tierra natal, algunos rasgos de la celebración afloran en ciertos alimentos y golosinas propios de la fecha. Ahora, por ejemplo, es común ver las calaveritas de azúcar en esta época del año. En la parroquia, las familias adoptan un enfoque diferente para decorar el espacio donde colocan las fotos de sus seres queridos difuntos. En lugar de violetas sombríos, usarán naranjas brillantes y ramos de cempasúchil y caléndulas. En algunas parroquias, los fieles de otras proveniencias pueden

20. Ver *Misal Romano*, Ordinario de la misa, Plegaria eucarística I.

adaptarse y abrazar esta idea para que la parroquia comparta un gran espacio para todos los fieles difuntos. Paso a paso, con diálogo y buscando la integración de todos, conviene ser flexibles y compartir la riqueza cultural y espiritual de todos los miembros de la comunidad de fe.

Requisitos prácticos de ritos particulares

La Eucaristía

La celebración de la Eucaristía es la fuente y cumbre de la vida cristiana.[21] Es la acción litúrgica primaria de la Iglesia, y por eso la Eucaristía no cambia a lo largo del año litúrgico. Los preparativos del ambiente litúrgico de una iglesia siempre deben prestar atención a los cuatro lugares fundamentales de esta celebración: el altar, donde con las palabras de consagración el pan y el vino se transforman en el Cuerpo y Sangre de Cristo; el ambón, donde se proclama y predica la palabra de Dios; la nave, donde se congrega la asamblea como miembros del Cuerpo de Cristo; y la sede del celebrante, donde el sacerdote preside el Cuerpo de Cristo reunido para celebrar el sagrado misterio de la Eucaristía.

Para los fieles de la parroquia que no pueden unirse a la comunidad para celebrar la liturgia por mala salud o edad avanzada, consideren preparar pequeños arreglos florales que imiten a los de la iglesia, especialmente durante los tiempos de Adviento, Navidad y Pascua. Los que llevan la Sagrada Comunión a los que tienen que quedarse en casa, pueden entregar los arreglos como símbolo de la oración por todos sus miembros y de la atención de la comunidad a ellos. Pidan a los niños de la escuela, a los miembros del grupo de oración de adultos o a los candidatos para la confirmación que hagan estos arreglos como proyecto de servicio.

Los ritos de la iniciación

Los sacramentos del bautismo, confirmación y Eucaristía se celebran juntos en la Vigilia Pascual cuando los elegidos son bautizados. Los candidatos para la recepción en la Iglesia Católica (que ya están bautizados) pueden ser recibidos en otra ocasión. En muchas parroquias, las celebraciones de la primera Comunión se programan durante el tiempo de Pascua. Los bautismos de infantes ocurren durante todo el año, y aunque la confirmación se celebra idealmente en Pentecostés, las consideraciones prácticas del horario del obispo dictan el calendario de las celebraciones.

Siempre que se celebre el bautismo, la confirmación, la primera Comunión o la recepción en la Iglesia, deben acentuarse los símbolos de la iniciación. Para estas ocasiones que ocurren fuera de la Vigilia Pascual, preparen un plan de fácil de ejecución para sacristanes o acólitos. Para el bautismo y la primera

21. Ver SC, 10.

Comunión se enciende el cirio pascual y puede integrarse el color blanco, sea cual sea la temporada actual.

Para la confirmación, el color primario es el rojo. Tal vez se prepare un estandarte de cinta y se coloque junto a la fuente bautismal y el armario del crisma, o se usen revestimientos especiales para el altar y el ambón. Puede prepararse un lugar especial para exhibir el crisma sagrado en la confirmación, como una pequeña mesa de pedestal o una pequeña columna estatuaria con una simple tira de tela roja. Si la confirmación en su diócesis se celebra con estudiantes de secundaria o mayores, usen algunos carteles de cinta en postes para llevarlos en procesión y colocarlos alrededor de la nave para agregar festividad a este ritual sagrado.

Traten de aprender las prácticas culturales específicas en torno a los sacramentos. Pidan a los fieles de su parroquia que preparan a las familias para los sacramentos del bautismo, la confirmación, la primera Comunión, la primera reconciliación y el matrimonio que les ayuden a obtener y compartir información para preparar esas celebraciones especiales. En muchas comunidades hispanas, cada niño enciende su vela en la primera Comunión, y simbólicamente hace la conexión con su bautismo. Los padres pueden pedir oraciones de acción de gracias y bendición para su recién nacido (las Presentaciones) como precursoras del bautismo.

Entre las culturas africanas, en el momento en que concluye la fórmula trinitaria y el vertido de agua, la familia alza la voz con alegría con trinos y vítores. Muchas culturas expresan su alegría de maneras más exuberantes que los estadounidenses anglosajones, por lo que conviene hacer espacio alrededor de la pila bautismal para el movimiento como una forma de acoger estas prácticas. Algunos llevan a su hijo ante una estatua de la Santísima Virgen María después del bautismo para hacer una oración. Hagan espacio cerca de la estatua para las ofrendas de flores honrando la costumbre.

Usar colores sacramentales tradicionales —rojo para la confirmación, blanco para la primera Comunión y el bautismo— es común en muchas comunidades. Si bien muchas novias visten de blanco, algunas elegirán colores tradicionales de su cultura: rojo, dorado, verde, amarillo o incluso negro. Conocer esta información les ayudará a planificar los tiempos litúrgicos: mientras se mantiene con los colores del año y las estaciones litúrgicas, sean sensibles a las variaciones de colores que pueden aparecer en las fotografías.

La penitencia o reconciliación

El rito de la penitencia puede celebrarse individualmente en una sala de reconciliación o confesionario. En un espacio más grande, habrá un área para una planta, una tela simple para colgar o una obra de arte que refleje la misericordia sanadora de Dios. El violeta, el color de la penitencia, está asociado con este sacramento. No hace falta decorar la sala de reconciliación conforme a los tiempos litúrgicos; el uso invariable del violeta refleja el amor inquebrantable de Dios por nosotros, incluso cuando pecamos.

Los oficios penitenciales con oportunidad para la confesión individual y la absolución por lo general ocurren durante el Adviento y la Cuaresma, y requieren una transformación de la nave. Los sacerdotes adicionales que escucharán confesiones individuales necesitarán espacios que brinden privacidad, pues la mayoría de las iglesias no tienen múltiples confesionarios o cuartos de reconciliación. Reflexionen sobre la configuración de la iglesia. Se necesitará espacio para los que se reúnan a rezar en comunidad, así como para las celebraciones individuales del sacramento de la penitencia. Determinen cuántos sacerdotes estarán disponibles y luego elijan espacios para sus estaciones. Dos sillas o espacio al final de un banco para el sacerdote y el penitente pueden marcarse con una vela. Particularmente si el servicio es por la noche, las velas encendidas harán que las estaciones sean fáciles de reconocer. Si no tienen un número adecuado de candelabros, usen mesitas o soportes cubiertos con un trozo de tela violeta sobre la que coloquen una vela grande, o un conjunto de velas votivas. En lugar de velas, usen postes de pancartas con simples cintas moradas o una tira estrecha de tela para marcar la ubicación de cada confesor.

Este espacio devocional alusivo al Buen Pastor no distrae de la liturgia.

Matrimonio

Las bodas pueden ser de las situaciones que plantean mayores desafíos al equipo de ambiente litúrgico. Si la parroquia no tiene unas normas establecidas respecto al ambiente para la celebración del sacramento del matrimonio, trabajen con el párroco, el liturgista y el comité de culto para planearlas. Con frecuencia las novias (o sus madres) quieran quitar elementos del ambiente porque "desentonan" con la paleta de colores de la boda. El sacramento del matrimonio se celebra dentro del contexto de la comunidad de fe; el edificio de la iglesia y su decoración representan la comunidad que, con sus oraciones y acciones, apoyará a esta pareja a lo largo de su vida matrimonial. Debe desalentarse la realización de cambios importantes en el ambiente para adaptarse a una boda; hasta puede decidirse que algunos cambios están prohibidos.

Procuren que las personas que se reúnen con las parejas comprometidas en matrimonio les recuerden el tiempo litúrgico en el que celebrarán su matrimonio; los colores del año litúrgico son oficiales y si se les recuerda esto a las parejas, no se llevarán una sorpresa cuando lleguen a la iglesia a decorarla para la boda.

El matrimonio es una celebración sagrada y gozosa. Brinden a la pareja los elementos festivos que el equipo de ambiente litúrgico tiene guardados; por ejemplo, candelabros y astas de banderas. Ofrezcan reunirse con la pareja con bastante antelación a la boda para hablar acerca de cómo estará decorada la iglesia en el tiempo de su ceremonia y qué opciones tienen para personalizar el espacio. Las flores y otras decoraciones que se traen a la boda posiblemente se utilicen para otras celebraciones parroquiales. Tengan preparadas respuestas y sugerencias en lo que refiere a la vela de la unión, flores para la Santísima Virgen, lazos para los bancos, velas y otros elementos habituales de la zona o la cultura.

Para la pareja, este es un momento muy especial y, a veces, de notable ansiedad. El tono de sus interacciones con ellos afectaría su futuro con la Iglesia. Sean flexibles y acogedores al platicar con ellos. Tal vez a ellos les parezcan incomprensibles las razones detrás de algunas partes de la liturgia de la boda y es posible que no vean la ambientación litúrgica como un signo de la comunidad. Noten ustedes que ésta es una oportunidad para catequizar, no para alienar.

Muchas culturas tienen costumbres matrimoniales específicas. Por ejemplo, el lazo nupcial (*Ritual del matrimonio*, 67B) y las arras (71B) propios de las familias latinas, filipinas y mexicanas, son tan comunes en la liturgia matrimonial que aparecen oficialmente en la más reciente edición del *Ritual del matrimonio.*

Órdenes sagradas

El sacramento del orden sagrado suele celebrarse en la catedral como un acontecimiento diocesano. El rito requiere posturas corporales y símbolos especiales; si su parroquia es la catedral de la diócesis, la cancillería diocesana les aportará el enfoque y recursos que el rito exige. Sin embargo, la ordenación de un hijo de la parroquia a menudo es seguida por una primera misa en la iglesia parroquial. Las ordenaciones pueden celebrarse en cualquier momento del año, pero es frecuente programarlas para que coincidan con la terminación de los semestres escolares. Sea en Adviento, Pascua o Tiempo Ordinario, el ambiente habitual debe ser realzado hasta cierto punto para celebrar el gozo que merece la ocasión. Es adecuado agregar banderines, más flores o plantas, velas adicionales y también integrar blanco y dorado al ambiente.

Al igual que con las bodas, reúnanse con el que será ordenado y su familia, y consulten con las oficinas diocesanas antes de finalizar los planes de ambientación litúrgica. Mantengan la integridad de la decoración de la parroquia e incorporen símbolos e ideas del candidato a la ordenación. Aclaren las expectativas sobre el presupuesto y quién paga qué. Analicen las costumbres regionales o culturales. Sugieran arreglos florales con flores que evoquen las que lucieron en la boda de sus padres, las que simbolizan a un santo preferido o las que adornarán los centros de mesa de la recepción, como una forma de personalizar la celebración.

Unción de los enfermos

Del mismo modo que las celebraciones penitenciales comunitarias, las celebraciones parroquiales de la unción de los enfermos requieren un tratamiento sencillo pero definido. Una posibilidad es usar banderines que simbolicen el poder sanador de Jesucristo y que a los sacristanes les resulte fácil colocarlos. Puede llevarse el óleo de los enfermos del armario del crisma a otro lugar destacado; por ejemplo, a una mesita especial cerca de la sede del oficiante.

Funerales cristianos

Así como para las bodas, los que se reúnen con familias que planifican un funeral deben saber las normas establecidas de la parroquia tocante a los funerales para así comunicarlas claramente y animar a la familia a celebrar los hermosos ritos de exequias de la Iglesia en su plenitud. Ofrezcan la información para organizar los funerales, que incluya elementos tales como la música, la vigilia, el almuerzo y lo que cabe esperar en términos de ambientación; válganse de mensajes periódicos en el boletín que los fieles lean en momentos menos emotivos.

¿Dispone la iglesia de un espacio para velar al difunto? Muchas familias desean exhibir fotos o presentaciones de diapositivas del difunto; asegúrense de tener caballetes, mesas y otros espacios para disponerlas en el vestíbulo. Algunos funerales disponen de un sinnúmero de arreglos florales. Hagan un esquema para distribuirlos en la ambientación vigente. Otras familias pueden solicitar donaciones para alguna causa o caridad en lugar de flores. Tengan un plan para el uso de las plantas y otros elementos decorativos para honrar al difunto.

En los funerales se enciende el cirio pascual; se cubre el ataúd con un palio funerario blanco rociado con agua bendita como recuerdo del bautismo. A menudo se inciensa el ataúd durante la despedida final. Si el difunto ha sido incinerado, la urna puede llevarse a la iglesia en procesión, tal como el ataúd, y colocarse sobre un soporte o mesa más o menos en la misma posición que ocuparía el ataúd. (No existe una versión análoga del palio para una urna). Diseñen un ambiente litúrgico que haga que estos elementos les sean visibles y accesibles a los participantes.

Liturgia de las Horas

Rezar la Liturgia de las Horas no requiere una atención especial a la ambientación, pero si desean llamar la atención sobre esta importante oración de la Iglesia para una temporada o tiempo en particular, conviene acondicionar el espacio de la mejor manera. Tengan en cuenta la naturaleza antifonal de la oración al elegir el espacio donde rezará. Una pequeña mesa cubierta con un color de tela apropiado para la temporada, velas y un quemador para el incienso agregará formalidad al rito.

Prácticas devocionales

Las devociones deben fluir desde la liturgia y llevar a una mayor participación en ella. Puede pedirse a miembros del equipo de ambientación litúrgica que ayuden a destacar algunas devociones especiales. Tengan cuidado en que el énfasis en los elementos devocionales sea proporcionalmente menor al que se pone en la liturgia.

Decorar una capilla separada de la misma manera como regularmente se decora la iglesia principal asegura que la capilla esté "vestida" para la Exposición y Bendición con el Santísimo Sacramento. Los tiempos especiales de adoración eucarística en la iglesia no requieren la adaptación del entorno. El Santísimo Sacramento, expuesto en la custodia, debe ser el foco central. Si se agregan arreglos florales u otros elementos distintos a los habituales, se llamará la atención sobre ellos y no sobre Cristo a quien adoramos en el Santísimo Sacramento.

Devociones marianas

Las devociones marianas, particularmente una coronación en mayo, requerirían mover la estatua de María a un sitio de mejor acceso. El papel de María como Madre de Dios siempre ha sido acercar a los fieles a su Hijo. Al elegir un lugar honorífico para María, cuiden de no colocar la estatua de María en la línea de visión entre los reunidos y el sagrario o el altar. Después de la coronación, devuelvan la estatua a su ubicación habitual. Agreguen flores, telas o cintas, particularmente durante los meses especialmente dedicados a María: mayo y octubre.

Una capilla devocional brinda un buen espacio para rezar el Rosario. Si la capilla es muy pequeña, designen una sección de bancas cerca de una estatua de María para esta oración. Al colocar estatuas dentro de la iglesia, procuren ubicarlas apropiadamente para la liturgia. Trasladar la oración al espacio reservado para María (u otros santos) en vez de mover la estatua al espacio utilizado para la liturgia da continuidad a la oración devocional y forma a los fieles aun más en la centralidad de la liturgia.

Muchas culturas tienen devociones marianas específicas; conozcan las de su comunidad y vean si hay manera de brindar apoyo realzando la ambientación litúrgica.

El Vía Crucis

Durante la Cuaresma, se pueden marcar las estaciones del Vía Crucis, que se reza tradicionalmente los viernes de Cuaresma, con cintas, cuerdas o telas. Más que decorar las estaciones individuales, puede crearse la ilusión del peregrinaje que representan las estaciones por medio de un tramo de cinta o cuerda satinada extendido de una a otra. Que el efecto sea sencillo, de acuerdo con el tono despojado del tiempo de Cuaresma.

Al rezar el Vía Crucis, algunos monaguillos suelen llevar una cruz procesional y ciriales por la iglesia, deteniéndose en cada estación. La cruz y los ciriales deben ser livianos para manejarlos sin gran esfuerzo.

Medios digitales en el entorno litúrgico

La liturgia católica romana se celebra conforme a pautas universales cuidadosamente discernidas y transmitidas a lo largo de su tradición milenaria. Esto puede explicar por qué, aunque los medios digitales han sido utilizados en el servicio cultual de muchas comunidades evangélicas y algunas comunidades protestantes desde hace tiempo, son menos evidentes en la liturgia católica romana. Sin embargo, algunas iglesias católicas los usan y otras estarían considerando su uso. El espíritu y los detalles del derecho litúrgico de la Iglesia más relevantes al respecto se expresan principalmente en documentos ya referidos: *Sacrosanctum concilium* (SC), la *Institución general del Misal Romano* (IGMR) y *Edificada con piedras vivas: Arte, arquitectura y adoración* (EPV). Aunque ninguno de estos documentos trata específicamente sobre los medios digitales, las comunidades que estén considerando su uso deberán estudiar y comprender los principios y discernir cómo aplicarlos a sus circunstancias particulares.[22] Algunas diócesis han formulado normas en este renglón, pero los principios generales que subyacen a la liturgia católica marcan el tono de cualquier discusión.[23]

¿Cómo suelen usar las comunidades los medios digitales?

- Proyectan información en una pantalla o pared: información como las palabras o la música de himnos, anuncios o señales para la asamblea.[24]
- Proyectan un video corto durante o después de una homilía, como un video anual de recaudación de fondos para la parroquia o del obispo, o para algún otro propósito catequético.

---

22. Uno de los pocos libros en inglés relevantes al tema es *Liturgical Art for a Media Culture* [Arte litúrgico para una cultura de medios de comunicación] de Eileen Crowley (Collegeville, MN: Liturgical Press, 2007); ella es profesora adjunta de liturgia, artes y comunicación en el Catholic Theological Union de Chicago, y se enfoca en el uso de los medios digitales en cuanto arte litúrgico.

23. Dos ejemplos son las Oficinas de Culto Divino de la Diócesis de Orlando, https://www.orlandodiocese.org/wp-content/uploads/2010/08/Projection-Guidelines_08.2015.pdf, y la Arquidiócesis de Milwaukee, https: // www.archmil.org/ArchMil/Resources/ParCnl1/Manuals-for-Parishes/VideoTechnologyGuidelines.

24. Siempre que se proyecten textos, las parroquias deberán solicitar el permiso de los titulares de los derechos de autor.

- Con menos frecuencia, decoran las paredes interiores de la iglesia con imágenes proyectadas.

Pensar en los problemas: aspectos a considerar

Dado que la Iglesia considera que la misa es "el centro de toda la vida cristiana para la Iglesia universal y local, y para todos los fieles individualmente" (IGMR, 16), el entorno físico en el que se celebra debe ser propicio para esta actividad vital. En *Edificada con piedras vivas*, el documento que trata específicamente del ambiente litúrgico, algunas palabras aparecen repetidamente: *misterio, asombro, belleza, reverencia, dignidad, autenticidad* y *noble sencillez*. Estas son las piedras de toque para juzgar la pertinencia en el entorno litúrgico. Por ejemplo, y para ser más específicos, se dice que "la cualidad de pertinencia se demuestra por la capacidad de la obra de soportar el peso de misterio, asombro, reverencia y maravilla que la acción litúrgica expresa, y por la manera en que sirve, sin interrumpir la acción ritual que tiene su propia estructura, ritmo y movimiento" (EPV, 148).

Este cuidado de la ambientación litúrgica está justificado, pues la liturgia es, después de todo, la ocasión en la que "Cristo está realmente presente en la misma asamblea congregada en su nombre, en la persona del ministro, en su palabra y, ciertamente de una manera sustancial y permanente, bajo las especies eucarísticas" (IGMR, 27). Las acciones, gestos, posturas y objetos simbólicos de la liturgia hacen que la presencia de Cristo se manifieste al pueblo. Los elementos considerados para el entorno litúrgico deben estar en armonía con este vocabulario de señales y símbolos.

Otro principio importante cuando se delibera sobre los medios digitales es que la participación plena, consciente y activa de los fieles debe enriquecerse y no obstaculizarse. Finalmente, así como Cristo está realmente presente en la liturgia y el pueblo está realmente presente en virtud de su plena participación, todos los elementos de la liturgia deben ser también genuinos, como las velas con una "llama viva" (ver EPV, 92–93) con preferencia a las luces eléctricas hechas para parecerse a velas, y "vivas" en lugar de flores y plantas artificiales (ver EPV, 129).

Aunque parezca conveniente o pastoral proporcionar los textos de la misa en una pantalla grande para que todos los vean, hay varias razones por las que esto no sea así. Primera, la liturgia es un evento en vivo, destinado a brindar una experiencia diferente a la vida cotidiana, donde las pantallas son tan prominentes.[25] En segundo lugar, los medios digitales tienen un impacto en el

25. Este es el razonamiento del Comité de Obispos para el Culto Divino, que no autoriza el proyectar palabras del leccionario en misa. Disciernen que en la liturgia el pueblo participa más eficazmente escuchando juntos y atentos al anuncio de la Palabra de Dios en lugar de leerla en una pantalla. Los que tienen problemas de audición deberían, por supuesto, tener la opción de leer el texto de un libro.

entorno litúrgico y la liturgia, ya sean simplemente palabras o imágenes y videos proyectados en pantallas o paredes.

Pantallas, proyectores, cámaras y cables parecerían parte de la infraestructura utilitaria de la iglesia, como luces o equipos de sonido, pero cualquier cosa que sea visible para la asamblea tiene un impacto en la ambientación litúrgica. Además, cualquier texto, imagen o video que se proyecte (sea en pantallas o paredes) también pasa a formar parte del paisaje visual.

Así, la comunidad ha de considerar los diversos aspectos de los medios digitales con los criterios aplicados a otros aspectos del entorno litúrgico.

- He aquí la pregunta más crítica: ¿Los medios digitales en consideración sirven o distraen de la liturgia? ¿Apoyan el misterio, el asombro, la belleza, la reverencia, la dignidad, la autenticidad y la noble sencillez de la liturgia?
- Si se ven pantallas, proyectores o cámaras, ¿bloquean o restan valor a otros elementos del entorno litúrgico?
- ¿El uso de medios digitales distrae de algún modo de la acción litúrgica (como el movimiento de la pantalla o las imágenes cambiantes en ella)?
- ¿Es hermoso? (¿Cómo se compara la imagen en la pantalla grande con la imagen de un encuadernado simple del himnario o misal provistos en las bancas?)
- ¿El uso previsto de los medios digitales promueve realmente la participación plena, consciente y activa de la asamblea?, ¿o la participación se ve obstaculizada de alguna manera?

Cabe que las comunidades consideren una particular imagen fija o un video, empleados de manera diferente en la liturgia, como arte, para invitar a la meditación. Ello, por supuesto, requiere consideración, selección y discusión muy cuidadosas. *Edificada con piedras vivas* instruye que el arte en la liturgia debe "evocar asombro por su belleza" y "conducir más allá de sí mismo al Dios invisible" (148).

Algunos en la comunidad considerarían los medios digitales una herramienta para la evangelización, pensando que atraería a buscadores que se sientan cómodos con los medios digitales en su vida diaria. La liturgia católica, sin embargo, invita a los fieles a entrar en un tiempo y espacio que es deliberadamente diferente del mundo secular, en un estado mental que se aparta de la vida cotidiana.

Las comunidades han de considerar el uso de medios digitales para ocasiones de culto y en espacios distintos a la misa en la iglesia.[26] Algunos medios digitales cuyo uso no sería apropiado en misa serían eficaces en otros momentos

26. Crowley defiende este tipo de arte mediático en un artículo de 2006 presentado en la Universidad de Valparaíso y disponible en esta compilación en línea: https://scholar.valpo.edu/cgi/viewcontent.cgi?article=1114&context=ils_papers.

de oración, retiros o momentos de meditación. Hay otros espacios, además de la propia iglesia, donde podría acomodarse el uso de medios digitales. Por ejemplo, su comunidad decidiría que el vestíbulo o nártex (donde las personas se encuentran antes de ingresar a la iglesia) sería apropiado para los medios digitales y el arte.

Otros puntos a considerar:

- ¿A qué necesidades específicas se quiere responder?
- En su comunidad, ¿qué tan fuerte es el interés en la tecnología de los medios en su comunidad?
- ¿Qué proceso de evaluación (inicial y continuo) podría utilizar la comunidad, quizás encomendado al comité de liturgia y al párroco?
- ¿Qué nivel de tecnología (qué equipo específico) sería adecuado a sus necesidades y presupuesto, sabiendo que los costos superarían la inversión inicial?
- ¿Tienen personal o voluntarios capacitados y motivados para mantener el equipo y el uso de esa tecnología?
- Siempre que se utilicen medios digitales, ¿se ajusta el espacio a los requisitos técnicos (fuente de electricidad, ubicación del proyector o pantalla) y el equipo necesario interrumpiría la ambientación que espera crearse?
- Tengan en cuenta que, si los medios digitales se utilizan continuamente, se vuelven normales y perderían el efecto deseado.
- En todo caso, mantengan las características y requisitos de la liturgia en primer lugar.

Cualesquiera que sean las posturas de los miembros de su comunidad en estas cuestiones, será importante que todos comprendan la naturaleza de la liturgia tal como se describe en los documentos y se escuchen atentamente unos a otros cuando disciernan sobre seguir adelante con los medios digitales y cómo hacerlo.

Conclusión

Una joven le daba un recorrido por la iglesia a la madre de su prometido. Hablaban de los trozos de cuerda negra suspendida de los tragaluces que ese año formaban la decoración de Cuaresma. "Estos no estarán aquí para la boda", aseguró la joven a su futura suegra. "Nos casaremos en Tiempo Ordinario, por lo que la iglesia será verde. Con mi paleta de neutrales, se verá bonito". Trabajar con el equipo del ambiente litúrgico le había dado una buena formación; en la infancia, sus amigas y ella habían recibido varias invitaciones a ayudar a preparar la iglesia para cambiar la decoración del tiempo litúrgico. Ahora que eran mayores, las jóvenes se reunían periódicamente a comer y la conversación con frecuencia giraba en temas tipo "Te acuerdas cuando...". De la misma manera que anticipaban de forma intuitiva el canto de "¡Oh, ven! ¡Oh, ven, Emmanuel!" durante el tiempo de Adviento, y recordaban las homilías de su primera Comunión, ellas descifraban los banderines con imágenes de agua que se cuelgan en Pascua y hablaban animadamente sobre el significado de elementos nuevos tales como las cuerdas de Cuaresma.

En el Evangelio según Juan, escuchamos que el mundo no podría contener los libros necesarios para contar todos los milagros de Jesús (ver Juan 21:25). También es cierto que ninguna parroquia podría contener la rica herencia del amor de Dios expresada en la miríada de culturas que él creó. Sin embargo, podemos apreciar la presencia de Dios en cada una de ellas. Podemos escucharnos y aprender unos de otros, trabajar juntos como hijos de Dios y crear espacios y lugares en nuestras parroquias y nuestros corazones para las innumerables formas en que los humanos, a lo largo del tiempo y el espacio, buscamos alabar y adorar a Dios.

La labor que realicen los miembros del equipo de ambientación litúrgica, con la ayuda del Espíritu Santo, dará muchos frutos. Al rodear al pueblo santo de Dios con símbolos de la liturgia bellamente acentuados, con colores, formas y aromas que cautivan los sentidos y estimulan los recuerdos, les ayudarán a entrar más plenamente en los misterios de la fe.

Preguntas para conversar y reflexionar

1. ¿Cómo distingue usted entre sus gustos personales y las necesidades de la liturgia? ¿Y las necesidades de la comunidad? ¿En qué caso específico consiguió usted hacer esto? ¿Qué le ayudaría a hacerlo mejor?
2. ¿Cuáles son las primeras preguntas que debe hacerse para planificar y preparar? ¿Cómo han llevado (o llevarían) a un resultado satisfactorio?
3. ¿Qué lagunas en el conocimiento sobre la liturgia necesitan llenar usted o su equipo? ¿Qué habilidades necesita desarrollar usted? ¿Cómo puede hacer eso?
4. ¿Qué grupos raciales y étnicos están representados en su parroquia? ¿Qué tan consciente está de sus costumbres y prácticas? ¿Cómo podrían incorporarse al trabajo del equipo del entorno litúrgico para que sus necesidades estuvieran mejor respaldadas?
5. En general, ¿cómo se comunica el equipo con los miembros de la asamblea y cómo solicita comentarios?
6. ¿Qué métodos de planificación y evaluación a largo plazo utiliza su equipo? ¿Cómo podría mejorarlos usted?
7. Cuando visita otras iglesias, ¿qué elementos del ambiente litúrgico y del arte ayudan (o dificultan) su oración?

Capítulo cuatro

Espiritualidad y discipulado

Los signos litúrgicos efectivos tienen una función pedagógica y animan a una participación plena, consciente y activa, expresan y fortalecen la fe y conducen al pueblo hacia Dios. [...] También tocan y mueven a la persona a la conversión del corazón, y no solamente a iluminar la mente.

— *Edificada con piedras vivas*, 26

Para servir bien a su iglesia como ministro de ambientación litúrgica, usted deberá ocuparse de su propia vida espiritual. Ya ha encontrado a Dios en sus oraciones, en las cosas bellas y en las personas buenas. Ha sentido angustia y dolor, gozo y asombro. Ha conocido momentos de estar distanciado de Dios, y también momentos de profunda intimidad. Mientras trabaja con el arte y la ambientación de una iglesia, usted interactúa con los tiempos del año litúrgico, la historia de Cristo y la vida de los santos. Usted aporta su propia experiencia emocional y religiosa a la vida pública del culto comunitario. Allí, sus hermanas y hermanos cristianos tendrán una experiencia más profunda del Dios que se hizo igual a nosotros.

Muchas personas que se sienten atraídas por este ministerio sienten una atracción especial por los lugares santos. Quizás este salmo resuene en usted.

¡Qué amable es tu morada, Señor del universo!
Languidece mi ser
y anhela a gritos el atrio del Señor;
mi corazón y mi carne saltan de gozo por el Dios vivo.
Hasta el gorrión ha encontrado una casa,
y la golondrina un nido donde poner sus pichones,
junto a tus altares,
Señor del universo, Rey mío y Dios mío.
Dichosos los que habitan en tu casa alabándote siempre.
Dichosos quienes tienen su refugio en ti,
aquellos cuyo corazón te alaba.

Salmo 84:2–5

Espiritualidad de la misa dominical: Las Sagradas Escrituras y los símbolos

El fundamento de su vida espiritual es la Eucaristía dominical, donde experimenta al Verbo de Dios encarnado. Cristo habla en el evangelio y nos comparte su Cuerpo y Sangre en el sacrificio del altar. Usted se une a la comunidad de fieles. Recibe el alimento que necesita para llevar a Cristo a todas las personas con las que va a encontrarse durante la próxima semana.

Mediante la oración y el servicio diario, usted fortalece su espiritualidad a partir de la liturgia dominical. Ore al comienzo y al final del día, antes de las comidas o cuando vaya de un lugar a otro. Dé gracias a Dios por el don de la vida y por los talentos recibidos. Pida la gracia de compartirlos con un corazón generoso.

Por ejemplo, válgase de los textos de la misa dominical para algunas de sus oraciones diarias. Antes de que inicie una nueva temporada del año de la Iglesia, estudie las lecturas bíblicas dominicales. Durante el Adviento, las primeras lecturas son profecías sobre la venida de Cristo, y las segundas lecturas proclaman que vendrá de nuevo. Ore con estos textos. ¿Qué símbolos le vienen a la mente?

En la Cuaresma, las primeras lecturas trazan momentos clave en la historia de la salvación. Las otras lecturas con frecuencia llaman al arrepentimiento. Las lecturas del evangelio del tercero, cuarto y quinto domingo del año A son muy apropiadas para los que serán bautizados en Pascua. Ore con estos pasajes. ¿Qué le dicen?

Durante el Tiempo de Pascua, las primeras lecturas son todas de los Hechos de los Apóstoles y cuentan cómo se corrió la voz sobre Jesús. Las lecturas del evangelio presentan imágenes clave para la Eucaristía de la comunidad: Cristo como su pastor y la anticipación del Espíritu Santo. ¿Qué le dicen estos pasajes?

Practique el mismo ejercicio con algunas de las oraciones de la misa. Ore por medio de las palabras que escuchará decir al sacerdote luego de la invitación: "Oremos". ¿Qué imágenes le acuden a la mente?

Otra forma de concentrarse es rezar con algunos de los símbolos de la temporada. Haga este ejercicio con otras personas, como los miembros del equipo del entorno litúrgico. Antes de que comience la Pascua, por ejemplo, coloque un tazón grande de agua entre ustedes. Que todos escuchen la proclamación de algunas de las grandes historias sobre el agua de las Escrituras. Recen en silencio o con música de fondo. Compartan sus pensamientos: ¿qué les viene a la mente al reflexionar sobre el regalo del agua? Elijan otras lecturas bíblicas y símbolos para las otros tiempos litúrgicos; como preparación para el Adviento, las profecías de Isaías o un icono de la María embarazada y las palabras del Magnificat; para la Cuaresma, las cenizas y las palabras del Miércoles de Ceniza del profeta Joel. Piensen en estos y otros símbolos primarios: la luz, el incienso, el leccionario, el aceite, el pan, el vino, la cruz, ¿qué les dicen sobre lo que ustedes creen? ¿Cómo puede el entorno de la iglesia dejar que estos símbolos primarios hablen?

Educación estética

Desarrolle sus propios dones específicos y agudice su sensibilidad visual mediante el estudio de varios entornos y el mundo del arte.

Fíjese en los espacios hermosos e interesantes que le rodean. Observe cómo los amigos y la familia decoran sus hogares. Tenga en cuenta cómo los diseñadores de lugares de negocios establecen un tono apropiado para la función prevista de un espacio. Pregunte qué hace que la vestimenta contemporánea esté de moda y qué hace que los cosméticos sean efectivos.

Disfrute de la naturaleza. Vea cómo la ciudad cuida sus parques. Visite un jardín botánico para experimentar la riqueza de la flora en el mundo y observe lo bien que puede arreglarse. Maravíllese con las imponentes colinas del campo o el estruendo de las olas a lo largo de la costa. Explore la interacción de colores, formas y equilibrios naturales. Todo ello ampliará el contexto en el que usted piensa sobre el arte religioso y la ambientación litúrgica.

Siempre que pueda, vea en persona el gran arte y la arquitectura cristianos. Si una iglesia o museo cercano tiene una colección, acuda a verla. Muchos museos cívicos exhiben obras de arte religioso.

Durante cientos de años, los más grandes artistas de Europa Occidental utilizaron sus habilidades por el bien del evangelio. Su trabajo expresó su fe al mismo tiempo que capturó y avanzó la civilización occidental.

Sin embargo, cada cultura y época utilizó su genio para este propósito, no sólo la civilización de Europa occidental. Los mundos del arte y la religión se apoyan mutuamente de forma natural. Cuando usted se encuentra con grandes obras de arte de cualquier siglo y lugar, está en el umbral del genio creativo que Dios comparte con los humanos. Encontrarse con obras de arte magníficas es rozar al Artista de la creación.

Visite una catedral, iglesia, museo o cualquier colección de arte cristiano. El mero hecho de ir allí hace de esta una peregrinación religiosa. Ya sea que cruce la calle o vuele a un centro urbano global, mover el cuerpo entero de un sitio a otro muestra un sentido de propósito y dirección, un pequeño paso en el largo peregrinaje hacia la nueva Jerusalén.

Cuando llegue a una capilla o galería de arte, tómese su tiempo ante cada imagen. ¿Qué historia cuenta? ¿Qué mensaje transmite? ¿Cómo hace eso? ¿Quiénes son las figuras religiosas? ¿Cómo se identifican? ¿Qué lo hace ser arte? ¿Cómo usó el artista los materiales? ¿Qué hace que el resultado sea algo bello? ¿Cómo podría convertir al espectador en un creyente?

Antes de dejar cualquier obra de arte religioso, deje que alimente su fe. Participe no como crítico de arte, sino como cristiano. Deje que le hable. Deje guiarse a la presencia de Dios.

Usted puede encontrar reproducciones de gran arte cristiano en internet, en libros y en carteles.[1] Vea especiales de televisión y en DVD sobre grandes artistas y sus obras. Estas valiosas fuentes exploran la historia de la representación de creencias y valores religiosos. Por supuesto, también dedique tiempo a esos materiales. Con todo, no sustituyen la realidad. Uno no puede caminar alrededor de la imagen de una escultura. Uno no puede apreciar las texturas de la pintura ni los sutiles matices del color cuando solo mira una reproducción de algún original. Su fe puede crecer al ver reproducciones, pero siempre que pueda, vaya a ver los originales.

Comprender el arte cristiano

Usted puede mejorar su apreciación del arte religioso conociendo su fe desde las doctrinas de la Iglesia hasta la vida de los santos. Ya conoce los principios básicos del Credo, pero tal vez no conozca algunas de las convenciones que usan los artistas. Un buen diccionario de santos y símbolos lo guiaría a través de este lenguaje visual tan especial (vea un ejemplo en la sección de recursos). Allí podría aprender, por ejemplo, que la imagen de un hombre calvo y barbudo vestido con una túnica, sosteniendo un libro y una espada, representa san Pablo. Si ve una figura con una barba blanca rizada y vestida de azul y oro sosteniendo dos llaves, sabrá que es san Pedro. Un joven con una túnica rosa es san Juan. Una mujer con una rueda de púas es santa Catalina de Alejandría, que superó el instrumento de su tortura. Una mujer que tiene una custodia es santa Clara de Asís. Tal obra de arte es catequética y debería profundizar su deseo de aprender acerca de los santos, pero también de seguir el ejemplo de ellos.

Oración

En el *Bendicional* hay oraciones hermosas. Son textos que se usan para bendecir las nuevas obras de arte de las iglesias, pero también pueden guiar sus oraciones en presencia de estas imágenes.

Esta introducción está tomada del Rito de la bendición de una imagen de Nuestro Señor Jesucristo. Úsela cuando reza ante una imagen del Hijo de Dios.

> Esta sagrada imagen ha de recordarnos en primer lugar que Cristo es imagen visible de Dios invisible: el Hijo eterno de Dios, que bajó al seno de la Virgen, es el signo y sacramento de Dios Padre. Él, en efecto, dijo: 'Quién me ha visto a mí ha visto al Padre'. Al venerar pues, esta imagen levantemos los ojos hacia Cristo, que con el Padre y el Espíritu Santo reina para siempre.[2]

1. Véanse, por ejemplo, las excelentes reproducciones en *An Illustrated History of the Church* [Una historia ilustrada de la Iglesia] de Guy Bedouelle (Chicago: Liturgy Training Publications, 2006). Cualquier biblioteca pública tiene libros sobre arte cristiano con reproducciones en color. Para imágenes de Internet, busque "arte cristiano" y haga clic en "imágenes".
2. *Bendicional*, 1099.

La siguiente oración viene del mismo rito. Arrodíllese ante una imagen de Cristo en su iglesia parroquial y ofrezca esta oración por todos los que acuden a él buscando fuerza espiritual.

A ti, pues, Señor, te pedimos humildemente
que tus hijos, al venerar esta imagen de Cristo,
tengan los sentimientos propios de Cristo Jesús
y, ya que son imagen del hombre terreno,
sean un día también imagen del hombre celestial.
Que tu Hijo sea para ellos, Padre,
el camino por el que vayan hacia ti;
la verdad que ilumine sus corazones,
la vida de que se alimenten y vivan;
que él sea para ellos
la luz que disipe las tinieblas del camino,
la piedra en la que descansen al fatigarse,
la puerta por la que sean admitidos
en la nueva Jerusalén.

—*Bendicional*, 1107

Con frecuencia las oraciones de la liturgia usan imágenes y símbolos de la Sagrada Escritura precisamente por su enorme poder de evocar la presencia de Dios entre nosotros. Reflexione sobre este segmento de la bendición del agua bautismal. Fíjese cómo lo prepara a usted a sentir la presencia de Dios en esa agua bautismal y a recordar el efecto de su propio bautismo.

Dios nuestro,
que con tu poder invisible realizas obras admirables
por medio de los signos sacramentales
y has hecho que tu creatura, el agua, signifique
de muchas maneras la gracia del Bautismo;

Dios nuestro,
cuyo Espíritu aleteaba sobre la superficie de las aguas
en los mismos principios del mundo,
para que ya desde entonces
el agua recibiera el poder de dar la vida;

Dios nuestro,
que hiciste pasar a pie, sin mojarse, el Mar Rojo
a los hijos de Abraham,
a fin de que el pueblo,
liberado de la esclavitud del faraón, prefigurara al pueblo de
los bautizados;

Dios nuestro,
cuyo Hijo...
quiso que brotaran de su costado sangre y agua.... mira ahora a tu Iglesia en oración
y abre para ella la fuente del Bautismo.

Que por la obra del Espíritu Santo
esta agua adquiera la gracia de tu Unigénito,
para que el hombre, creado a tu imagen,
limpio de su antiguo pecado,
por el sacramento del Bautismo,
renazca a la vida nueva por el agua y el Espíritu Santo....

Amén.

— Bendición del agua, *Rito del Bautismo*

A medida que siente que el poder de las imágenes y que los símbolos de la Sagrada Escritura y la liturgia trabajan dentro de usted, se volverá cada vez más sensible a su lugar y función en el ambiente litúrgico.

La Sagrada Escritura

La Biblia es la fuente fundamental para nuestro crecimiento espiritual. Sus imágenes y símbolos nos atraen continuamente, acercándonos a los misterios que ninguna palabra puede explicar por completo. Sin embargo, usted es un ministro involucrado en un proceso creativo, y le resultaría benéfico meditar, por ejemplo, el Salmo 104, una oración a Dios el Creador.

Colosenses 1:15 ofrece una perspectiva que invita a reflexionar sobre este aspecto de su trabajo: Cristo "es la imagen del Dios invisible". Cristo era perfectamente lo que los ministros del medio ambiente sólo pueden esforzarse por crear: una imagen visual que lleva a los humanos hacia Dios.

En el Nuevo Testamento tenemos varios pasajes que inspirarán la meditación sobre el ministerio del ambiente litúrgico. Búsquelos en la Biblia. Pregúntese cómo el arte y el medio ambiente juegan un papel en cada pasaje. ¿Qué le dice este texto? ¿Cómo afirma y desafía su identidad de discípulo de Jesús?

Mientras san Pablo predicaba en Listra, sanó a un hombre que nunca había caminado en su vida (Hechos 14:13). La multitud supusieron erróneamente que Pablo y su compañero Bernabé eran representantes humanos de los dioses falsos que habían estado adorando, Hermes y Zeus. Los sacerdotes de Zeus trajeron bueyes y guirnaldas para honrarlos, y Pablo y Bernabé explicaron con impaciencia que eran mensajeros, no dioses.

Este pasaje muestra el instinto, incluso entre los adoradores paganos, de usar guirnaldas como ofrenda a Dios. Cuando usted decora la iglesia o una imagen con flores, sigue el mismo instinto. Ofrece lo más bello de la tierra al que más desea complacer. Pero usted quiere que sus esfuerzos agraden a Dios, no que llamen la atención de nadie más.

En Mateo 25:7, Jesús cuenta la parábola de las diez vírgenes que esperaban al novio, cinco de ellas eran insensatas y cinco precavidas. Cuando el novio llega inesperadamente, las necias no tenían aceite suficiente, pero las sabias sí, porque habían planeado con anticipación. En el momento más importante, las vírgenes precavidas se levantan y arreglan sus lámparas.

La preparación de un espacio para el culto requiere una planificación anticipada. Cuando la gente entra en un espacio bien decorado, al instante se sorprende por su belleza. Pero ese instante requirió muchas horas de preparación. Cuando usted prepara la iglesia para dar culto a Dios, está planificando con antelación, y cuando Cristo el esposo viene en los sacramentos, sus lámparas bien dispuestas se encienden para recibirlo.

En Mateo 12:44 y Lucas 11:25, Jesús se vale de la imagen de una casa limpia para hablar sobre un desafío único e injusto en la vida espiritual. Dice que un espíritu inmundo puede ser expulsado de una persona, pero permanece inquieto buscando dónde continuar su maldad. Cuando redescubre a la persona que dejó, halla un dominio pulcramente barrido. Recluta a otros siete espíritus malignos y todos vienen a instalarse allí.

Siempre que vencemos al pecado, debemos tener cuidado de no volver a él. A veces volvemos a nuestro pecado con más fuerza que antes. Estamos tentados a pensar que hemos vencido el mal cuando es posible que no lo hayamos hecho completamente. Cuando usted prepara la iglesia, la limpia y la ordena, está realizando un gran servicio espiritual. Aun así, enfrentará la fuerza de siete demonios que lo atraen a los pecados del orgullo, la autocompasión y el materialismo. Manténgase enfocado en Cristo.

En 1 Timoteo 2: 9 y 1 Pedro 3:3, los apóstoles hacen varias recomendaciones a distintos subgrupos de cristianos. Las dirigidas a las mujeres suenan sexistas para los estándares actuales, pero el consejo es bueno si los varones de hoy también le prestan su atención. Las cartas dicen que las mujeres deben vestirse modestamente sin joyas ni ropa cara. Las buenas obras y un espíritu apacible son las "vestiduras" adecuadas que muestran respeto por Dios.

Cuando preparamos iglesias para la liturgia, tal vez deseemos utilizar el material más caro disponible. Pero ¿es la decoración lujosa el objetivo? Es mejor atraer a los fieles a la liturgia y se alaba mejor a Dios con autenticidad cuando el entorno ha ayudado a transmitirles algún aspecto de los misterios de la liturgia. Eso sucede cuando los ministros se centran en significados auténticos en lugar de decoraciones superficiales.

Cerca del final de la Biblia (Apocalipsis 21:2, 19), Juan tiene la visión de una nueva Jerusalén, ataviada como una novia para su esposo. Los cimientos de su muralla están decorados con todo tipo de joyas, lo que la vuelve más hermosa de lo que fue el templo en su esplendor.

Todos esperamos nuestra entrada a la morada eterna que Dios nos ha preparado. Este pasaje bíblico describe la incomparable belleza de la nueva Jerusalén. La decoración extravagante de la ciudad santa indica que es la fuente de todo lo bello y bueno. Cuando preparamos nuestro lugar de adoración adecuadamente y con oración, sin importar de qué presupuesto disponemos, su belleza inspirará a los fieles a acercarse más a Dios y a vivir de acuerdo con el evangelio. Así, nuestro templo simbolizará la nueva Jerusalén, y nosotros la Iglesia simbolizaremos los edificios en los que adoramos a Dios. Nosotros mismos brillaremos con el resplandor de todo lo que es bueno y hermoso en Dios.

Preguntas para conversar y reflexionar

1. ¿Qué enfoque de su ministerio le ayudaría a centrarse espiritualmente y obtener una idea de la temporada o el día para el que se está preparando?
2. Recuerde un ambiente litúrgico particular que le resultó inspirador. ¿Qué lo hacía tal? ¿Cómo evocaba un tiempo litúrgico, un sentimiento, una intuición?
3. ¿Qué tradiciones ha establecido usted para decorar su hogar? ¿Cuándo se esfuerza porque luzca especial? ¿Qué busca transmitir o comunicar? ¿Cómo logra mejores resultados? ¿Por qué?
4. ¿Cuándo le ha parecido el edificio de su iglesia más propicio para la liturgia? ¿Qué cree que lo hizo así? ¿Cómo el edificio y el entorno que usted prepara ayudan a los fieles a sentir la presencia de Cristo en la liturgia? ¿Qué podría usted hacer para ayudarlos a sentir más plenamente esa presencia?
5. ¿De qué manera su ministerio de ambientación litúrgica les ayuda a usted y a los fieles de la asamblea a cumplir mejor su misión de discípulos de Cristo? ¿Cómo le ayuda el entorno litúrgico a ser enviado en misión?

Capítulo cinco

Preguntas frecuentes

1. Parece que todo el mundo tiene una opinión diferente acerca de cómo debería decorarse la iglesia. Resulta desalentador oír quejas, tener que contestar preguntas y escuchar todas las sugerencias de los fieles. ¿Qué debería decir uno cuando la gente lo acorrala para hablar de estos asuntos?

Hablar con los feligreses sobre el entorno litúrgico es una parte importante del trabajo del equipo de ambientación litúrgica. Escuchar con simpatía y atención las quejas y sugerencias le ayudará a comprender cómo las personas están percibiendo los entornos que usted prepara. Le dirá si está comunicando lo que se propuso, y tal vez le sugieran áreas donde la catequesis litúrgica podría abordarse en mensajes en el boletín o sesiones de formación de adultos. Su paciencia e interés también les transmitirá a los parroquianos que realmente le importa lo que piensan y posteriormente los ayudará a ser más receptivos a sus ideas.

2. En Cuaresma y en Pascua, la lista de tareas pendientes para la ambientación litúrgica parece abrumadora para el equipo pequeño que tenemos. ¿Cómo lograr hacer todo lo que se necesita?

¡No pueden hacerlo todo ustedes solos! El equipo debe planificar con mucha anticipación y después dedicarse a buscar apoyo y organizar: atraer a la mayor cantidad de miembros de la comunidad como sea posible para que ayuden con las tareas. Esto hará más liviana la carga y servirá para crear comunidad al aumentar la comprensión y el gusto por la liturgia en cuantos colaboren.

3. Hay muchísimo por aprender sobre la liturgia y nuestro equipo está compuesto de voluntarios sin preparación. ¿Cuál es la manera más eficaz de aprender todo lo que hay que saber?

Consulte con su oficina diocesana de culto divino para saber a quién consultar sobre obtener información de talleres, retiros o conferencias a las que podrían asistir. Conéctese o cree una red de ministros de ambientación litúrgica con las parroquias cercanas. Su aprendizaje y su propia experiencia de feligrés comprometido con su comunidad parroquial, le harán ganar en confianza y pericia.

4. A veces nuestro equipo está trabajando sobre un plan y a último momento algún miembro del personal o de los otros ministerios lo cambia. ¡Es muy frustrante! ¿Qué podemos hacer para evitar que esto suceda?

Es muy importante coordinar sus planes con los demás ministros y personal litúrgico. Asegúrese de que un representante de su equipo asista a las reuniones del comité de liturgia parroquial o consulte regularmente con alguien del personal y otros ministerios litúrgicos. Con el correr del tiempo, irán conociendo las inquietudes de los otros participantes en la preparación de la liturgia, pero siempre es práctico y recomendable comunicarse con frecuencia con todos los interesados. La caridad es primordial en cualquier ministerio para mantenernos concentrados en nuestras metas fundamentales.

Recursos

Documentos clave para el entorno litúrgico

Constitución sobre la sagrada liturgia (Sacrosanctum concilium).

Primer documento emanado del Concilio Vaticano II, promulgado el 4 de diciembre de 1963. Estableció la celebración de ritos litúrgicos en lengua vernácula, pidió la participación plena, consciente y activa de la asamblea y ordenó la revisión de todos los ritos litúrgicos.

Directorio sobre la piedad popular y la liturgia: Principios y directrices.

Publicado en 2001 por la Congregación para el Culto Divino y la Disciplina de los Sacramentos, este documento afirma la eficacia de las prácticas devocionales y proporciona pautas para asegurar que estén en armonía con la liturgia, pero distintas de ella.

Edificada con piedras vivas: Arte, arquitectura y culto; Normas y orientaciones sobre arte litúrgico.

Directrices de la Conferencia de Obispos Católicos de Estados Unidos (USCCB). Promulgado en 2000, brinda una guía detallada sobre la construcción o renovación de los edificios para el culto católico; explica la teología de la arquitectura, el arte y el mobiliario de la iglesia, y enfatiza que su propósito principal es servir a los ritos sagrados que ocurren dentro de ella. Es lectura esencial para los ministros de la ambientación litúrgica.

Institución general del Misal Romano.

Es el documento introductorio, o *praenotanda*, que explica los antecedentes teológicos y da las instrucciones para celebrar la misa. Aunque publicado aparte, su texto acompaña al *Misal Romano*.

Recursos litúrgicos.

Sección del subcomité de USCCB que brinda orientaciones actualizadas en español sobre diversos tópicos pertinentes: https://www.usccb.org/es/committees/culto-divino-en-espanol.

Libros rituales

Evangeliario o *Libro de los evangelios.*

Contiene las lecturas del evangelio prescritas para misas dominicales, solemnidades, y fiestas del Señor. Suele ser llevado en la procesión de entrada y colocado en el altar, y, durante la Aclamación al evangelio, procesado al ambón. Se entrega a los diáconos en su ordenación y se coloca sobre la cabeza del presbítero en la ordenación episcopal.

Leccionario.

Contiene las lecturas bíblicas a proclamar en misa, incluidos los salmos responsoriales, para cada día del año. Suele publicarse en varios volúmenes, que incluyen las lecturas dominicales, las feriales, de los Propios de los santos y de otras misas. Está en preparación el leccionario en español para su uso en Estados Unidos.

Libro de los elegidos.

En él se anotan los nombres de los catecúmenos elegidos para ser iniciados en la próxima Vigilia Pascual; se usa en el Rito de elección.

Misal Romano.

Contiene las oraciones y ritos prescritos para la celebración litúrgica de la misa para sus diversas ocasiones, conforme al Concilio ecuménico Vaticano II. El misal actual, promulgado en 1970, está en su tercera edición, y reúne varios elementos litúrgicos que estaban contenidos en distintos libros. Ahora, junto con el leccionario, es el libro indispensable para la misa.

Rito de iniciación cristiana de adultos.

Indica normas y celebraciones rituales para iniciar adultos y niños no bautizados que han alcanzado edad catequética en la vida cristiana por medio de la Iglesia. Se conoce como RICA.

Liturgia y ambientación litúrgica

Huck, Gabe. *Liturgia con estilo y gracia: Edición revisada.* Chicago: Liturgy Training Publications, 2020.

El libro ayuda a considerar los elementos y las acciones de las celebraciones más habituales de la Iglesia, en sus diferentes tiempos litúrgicos. Ofrece preguntas para conversar y referencias para profundizar.

Laughlin, Corinna. *La liturgia: Fuente y culmen de nuestra vida cristiana.* Chicago: LTP, 2018.

El mejor medio para aprender lo básico de la liturgia. Con facilidad y profundidad, la autora expone lo más relevante de la misa y su sentido.

Mazar, Peter. *School Year, Church Year: Customs and Decorations for the Classroom.* Chicago: LTP, 2001.

Aunque enfocado en las aulas, este libro ayudará a los ministros parroquiales del ambiente litúrgico a asesorar y colaborar con los maestros y estudiantes de escuelas parroquiales, quienes inevitablemente interactuarán con ellos en varias ocasiones.

Mazar, Peter, revisado por el Rev. J. Philip Horrigan. *To Crown the Year: Decorating the Church through the Seasons, Second Edition.* [Coronar el año: La decoración de la iglesia en los tiempos litúrgicos] Chicago: LTP, 1995, 2015.

Un recurso parroquial clásico para preparar el ambiente litúrgico —cálido, acogedor, divertido— lleno de sabiduría y consejos prácticos. Actualizado en 2015.

Ryan, G. Thomas, con revisiones de Corinna Laughlin. *The Sacristy Manual, Second Edition* [Manual de la sacristía]. Chicago: LTP, 1992, 2011.

Aunque los ministros de la ambientación litúrgica no suelen ser sacristanes, deberán colaborar estrechamente con el responsable de la sacristía, ya que utilizarán y ayudarán a cuidar muchas de las mismas cosas. Este libro describe a detalle de todos los espacios y objetos necesarios para la liturgia, y recomienda cómo elegirlos, almacenarlos y cuidarlos. Las listas de verificación especifican qué elementos se necesitan para cada liturgia, rito u ocasión.

Sourcebook for Sundays, Seasons, and Weekdays: The Almanac for Pastoral Liturgy [Almanaque para domingos, estaciones y días: Compendio para la pastoral litúrgica]. Chicago: LTP, publicación anual.

Este recurso lo llevará día a día a lo largo del año litúrgico, explicando los significados y muchos aspectos de la preparación necesarios para cada liturgia particular. Disponible sólo en inglés.

Historia del arte y la arquitectura litúrgicos

A History of the Mass/Una historia de la misa. Chicago: LTP, 2007.

Video bilingüe que cuenta la evolución de la misa y cómo, al paso del tiempo, las culturas la teología y las artes la formaron y transformaron.

Asociación española de profesores de liturgia. *Arquitectura y liturgia*. Barcelona: Centre de Pastoral Litúrgica, 2012.

Este libro recoge las intervenciones de las trigésimo sextas Jornadas de la Asociación Española de Profesores de Liturgia, que abordan la arquitectura, el arte y la música en relación con la liturgia católica.

Aldazábal Larrañaga, José. *Los espacios de la celebración*. Barcelona: Centre de Pastoral Litúrgica, 2002.

Guàrdia i Romeu, J. *Los libros de la sacristía*. Barcelona: Centre de Pastoral Litúrgica, 2004.

Se trata de una presentación de los libros que utilizamos en las celebraciones, tanto de la Eucaristía como de los demás sacramentos.

López, Santiago Sebastián. *Mensaje simbólico del arte medieval: Arquitectura, liturgia e iconografía*. Madrid: Ed. Encuentro, 2009.

Desde la ciencia litúrgica, este libro estudia la iconografía que hace ver que el arte cristiano es de presencias trascendentales. Obra pionera e imprescindible para profundizar en el significado del arte y su simbolismo.

Castaños-Mollor Morcillo, Juan. *Templo y liturgia, espacio y tiempo: Tras el Concilio Vaticano II*. Madrid: ETSAM, 2019.

El autor estudia cinco edificaciones españolas guiadas por criterios pragmáticos pero también artísticos y litúrgicos que convergen en una espiritualidad atrayente y plasmada en formas que corresponden al sentir de ser humano actual.

Murray, Peter y Linda. *The Oxford Companion to Christian Art and Architecture* [El asistente de Oxford en el arte y arquitectura cristianos]. New York: Oxford University Press, 1998. En inglés.

Libro para referencia: 624 páginas ilustradas a todo color, con nombres en orden alfabético de personajes bíblicos, santos, símbolos artistas, lugares, monumentos y tópicos relacionados con el arte cristiano. Los ministros del ambiente litúrgico, por ejemplo, se beneficiarían si tuvieran acceso a este gran recurso en la biblioteca parroquial.

Bedouelle, Guy. *Una historia ilustrada de la Iglesia*. Chicago: LTP, 2006.

Aunque no es una historia del arte ni de la arquitectura litúrgicos, este libro contiene reproducciones de buena calidad de algunos muebles y arquitectura de iglesias.

Urdeix i Dordal, Josep. *Los objetos del uso litúrgico*. Barcelona: Centre de Pastoral Litúrgica, 2005.

Pequeña guía de unos cincuenta objetos litúrgicos, para recordar su origen y el sentido de su uso actual.

El año litúrgico

The Catholic Planning Calendar [Calendario católico para planificar]. Chicago: LTP, publicación anual.

Calendario grande para usarlo en la pared o el escritorio. Muestra toda la información litúrgica relevante para el año en curso. Instrumento perfecto para la planificación en todos los ministerios litúrgicos.

Olivar, Alexandre. *El santoral del calendario*. Barcelona: Centre de Pastoral Litúrgica.

Biografía breve de cada uno de los santos que incluye el actual Calendario romano. Los comentarios que contiene pueden ser leídos públicamente, o ayudar a preparar la homilía y motivar la oración personal.

El año de gracia. Chicago: LTP, publicación anual.

Calendario de pared en forma de rueda, con el año litúrgico que muestra las estaciones, solemnidades, fiestas y memorias acompañado de ilustraciones originales y dinámicas. Muy apto para catequizar.

Sagrada Escritura y oración

Manual para proclamadores de la palabra. Chicago: LTP, publicación anual.

Guía esencial para los lectores, pero también para los celebrantes, homilistas y cuantos preparan la liturgia. Ofrece comentarios útiles sobre cada lectura, brinda antecedentes históricos y sugerencias para que la proclamación cobre más fuerza y significado para los fieles que la escuchan.

Palabra de Dios: Lecturas dominicales y reflexiones espirituales. Chicago: LTP, publicación anual.

Además de las lecturas bíblicas dominicales, este libro brinda una reflexión y puntos para estudiar y dialogar en un ambiente orante e inspirador para los usuarios. Cada semana, el segmento titulado "Viviendo nuestra fe" ofrece tanto sugerencias para la vida diaria como las referencias de las lecturas bíblicas de la semana y las solemnidades especiales, y oraciones sencillas para la mañana, la tarde y la noche.

Liturgia en parroquias multiculturales

Francis, Mark R., CSV, con colaboraciones de Rufino Zaragoza, OFM. *Liturgy in a Culturally Diverse Community: A Guide Toward Understanding / La liturgia en una comunidad de diversas culturas: Una guía para entenderla.* Washington, DC: Federation of Diocesan Liturgical Commissions, 2012.

Esta breve guía bilingüe (inglés y español) comienza con una justificación y principios para desarrollar liturgias multiculturales, luego proporciona sugerencias prácticas específicas para cada aspecto de una celebración multicultural, incluido el arte y el medio ambiente en las págs. 20–23.

Matovina, Timothy, y Gary Riebe-Estrella, SVD, eds. *Horizontes de lo sagrado: Tradiciones mexicanas en el catolicismo estadounidense.* Ithaca, NY: Cornell University Press, 2002.

Colección de ensayos que explora la experiencia vivida y la visión del mundo de los católicos de herencia mexicana que viven y practican su fe en Estados Unidos.

Matovina, Timothy. *Catolicismo latino: Transformación en la iglesia más grande de Estados Unidos.* Princeton, NJ: Princeton University Press, 2012.

Esta historia detallada de los católicos mexicanos que viven en Estados Unidos muestra que tanto la gente como la Iglesia han evolucionado por influencia mutua. Quizá sea demasiado largo y detallado para la mayoría; aún así, nos beneficia saber que existe.

Pastoral Liturgy®. Liturgy Training Publications.

Revista bimensual en inglés, con inserciones en español y fotos e ilustraciones que ayudan a cuantos preparan la liturgia a brindar un servicio mejor a los fieles. Las inserciones en español enriquecerán el boletín de las parroquias multiculturales.

Sitios web

USCCB (Conferencia de Obispos Católicos de Estados Unidos): Recursos sobre liturgias multiculturales.

Los obispos ofrecen una serie de recursos. Para acceder a ellos, escriba "USCCB" y "liturgia multicultural" en su motor de búsqueda y explore desde donde aterrice.

USCCB: Recursos sobre católicos negros, católicos nativos americanos, católicos asiáticos e isleños del Pacífico y católicos hispanos y latinos.

Los obispos ofrecen varios recursos sobre estos grupos católicos. Para acceder a ellos, escriba "USCCB" y el nombre de cada grupo en su motor de búsqueda y explore desde donde aterrice.

Glosario

Ábside *(Apse)*: Parte usualmente semicircular y abovedada de una iglesia, donde están el altar y el presbiterio.

Adviento *(Advent)*: Tiempo litúrgico de alegre preparación a la Natividad; también es tiempo de penitencia, aunque este aspecto es secundario al espíritu de espera. Inicia cuatro domingos antes de la fecha de la Natividad y marca el comienzo del año litúrgico.

Alba *(Alb)*: Túnica larga y blanca empleada por ministros laicos, diáconos y sacerdotes para los ritos litúrgicos. Recuerda la vestidura recibida como señal de la vida nueva en el bautismo cristiano.

Altar *(Altar)*: Plancha consagrada, fija, de piedra o madera al modo de mesa sobre la que se realiza la acción litúrgica sacrificial. Representa a Cristo, y es saludada al inicio de las liturgias; ocupa el centro en las iglesias y santuarios.

Ambón *(Ambo)*: Especie de atril fijo o púlpito desde donde se proclaman las lecturas bíblicas, la homilía, y el *Exsultet*, pero también las intenciones de la Oración universal. Es el lugar de la Palabra en la iglesia.

Año litúrgico *(Liturgical Year)*: El ciclo anual de celebraciones litúrgicas, centrado en la celebración de la Pascua. El año litúrgico del Rito Romano comienza con el Primer Domingo de Adviento. Comprende el Adviento, el tiempo de preparación de cuatro semanas para la Natividad del Señor; el tiempo de Navidad, que se extiende desde la Natividad del Señor hasta el Bautismo del Señor; Cuaresma, el tiempo de preparación de seis semanas para el Triduo Pascual; el tiempo de Pascua, celebración de cincuenta días de la resurrección que concluye con Pentecostés; y el Tiempo Ordinario. El Tiempo Ordinario se divide en dos segmentos: el primero ocurre entre el final de la Navidad y el comienzo de la Cuaresma; el segundo, desde Pentecostés hasta el comienzo del Adviento. Las fiestas del Señor y de los santos añaden variedad y riqueza adicional al año litúrgico de la Iglesia.

Armario del crisma *(Ambry)*: Mueble donde se guardan los contenedores de los óleos de catecúmenos, de enfermos y el crisma. Tiene su lugar cerca del altar y se recomienda que sea una especie de exhibidor, seguro, digno y estéticamente cuidado

Arquitectura, litúrgica *(Architecture, Liturgical)*: Arte de construcción mediante el cual los diseños de los edificios satisfacen las demandas de las celebraciones litúrgicas de la Iglesia. Las construcciones nuevas deben conformarse a la normativa de la Iglesia para facilitar la participación plena, consciente y activa de los fieles en la acción litúrgica según sus diversos roles en el culto. Los principios generales y los requisitos específicos se describen en el capítulo 5 de la *Institución general del Misal Romano* y, para Estados Unidos, en *Edificada con piedras vivas: Arte, arquitectura y culto.*

Arte, litúrgico *(Art, Liturgical)*: Cualquier forma de arte que sirva a la liturgia. El arte apropiado para el culto debe ser de buena calidad, expresar la presencia divina, ser apropiado para la acción litúrgica, ser capaz de soportar el peso del misterio y estar hecho de materiales genuinos.

Asamblea *(Assembly)*: Reunión o congregación del pueblo presidida por un ministro para rendir culto a Dios. *Sacrosanctum concilium* (7), basado en Mateo 18:20, enseña la presencia de Cristo en la asamblea que realiza el acto litúrgico.

Aspersión *(Asperge)*: Rito de rociar agua bendita sobre los fieles congregados, especialmente para la misa, en recuerdo de su bautismo. Puede tomar el lugar del Acto penitencial, especialmente los domingos de Pascua. La aspersión de la asamblea puede ir acompañada del Salmo 51, con la antífona latina de "Asperges me" ("Rocíame"), u otras antífonas o himnos. En el rito tridentino, esta aspersión puede tener lugar antes del inicio formal de una misa mayor.

Cáliz *(Chalice)*: Vaso sagrado en forma de copa con pie y tallo, usado para contener la Sangre de Cristo.

Cancel *(Chancel)*: Verja o reja que separa el presbiterio de la nave en una iglesia u otros espacios. Fungía de comulgatorio. También designa la contrapuerta, usualmente en tres hojas, colocada a la entrade de la iglesia o edificio para amortiguar el ruido y el viento.

Casulla *(Chasuble)*: La prenda más exterior de quien preside la misa; tiene una abertura para pasar la cabeza y se lleva sobre el alba y la estola.

Cirio pascual *(Paschal Candle)*: Vela grande de cera, que se coloca en una columna o candelabro; simboliza la luz de Cristo resucitado, se bendice durante la Vigilia Pascual, y se queda junto al ambón durante todo el tiempo de Pascua hasta el Domingo de Pentecostés, para después trasladarla junto a la pila bautismal.

Color litúrgico *(Liturgical color)*: A cada temporada o tiempo litúrgico se asigna un color, así como a las solemnidades, fiestas y memorias particulares. El asignado se observa generalmente en los ornamentos del sacerdote y el ornato de la iglesia.

Copón *(Ciborium)*: Vaso sagrado por lo general con tapa, para contener las hostias consagradas.

Corporal *(Corporal)*: Paño de lino, generalmente blanco y cuadrado, que se extiende encima del mantel del altar y sobre el cual se colocan cálices y copones, o bien cualquier contenedor del Santísimo Sacramento.

Cota o Sobrepelliz *(Surplice)*: Prenda blanca, suelta, similar a una túnica que se usa sobre una sotana. Es como un alba acortada y los sacerdotes la usan para las liturgias no eucarísticas. En algunas iglesias los monaguillos se visten con sotana y cota o sobrepelliz.

Credencia *(Credence Table)*: Mesita en el presbiterio sobre la cual se ponen las vinajeras, el jarro de agua y la toalla del lavabo y otros vasos para la celebración de la misa.

Crisma *(Chrism)*: Óleo u aceite consagrado por el obispo para ungir a los recién bautizados, a los confirmandos y a los ordenandos presbíteros y obispos; también se usa para dedicar iglesias y altares. El crisma es perfumado, normalmente con bálsamo. Junto con el óleo de catecúmenos y el óleo de enfermos se guarda en un armario.

Crismera, Ámpula o Ampolla *(Chrismarium)*: Recipiente o jarra de cristal para contener óleo consagrado.

Crucero *(Transept)*: Nave que cruza en ángulo recto la nave principal de una iglesia que tenga forma de cruz.

Cuaresma *(Lent)*: Período que precede a la celebración de la pasión y resurrección de Cristo en el Triduo Pascual. Es un tiempo de preparación para el bautismo y de penitencia; dura unos cuarenta días, haciéndose eco de los cuarenta días de oración y ayuno de Jesús en el desierto después de su bautismo. En la Iglesia Occidental, comienza el Miércoles de Ceniza y continúa durante seis semanas. En el rito bizantino, comienza dos días antes, el lunes previo al Primer Domingo de Cuaresma. Termina antes de la Misa vespertina de la Cena del Señor el Jueves Santo. La última semana de Cuaresma se llama Semana Santa. Para los elegidos al bautismo, la Cuaresma es un período de purificación e iluminación. Para los bautizados, la Cuaresma es un tiempo de renovación en el sentido y la gracia del propio bautismo. El Aleluya no se canta ni se dice desde el comienzo de la Cuaresma hasta la Vigilia Pascual.

Custodia *(Monstrance)*: También se le llama ostensorio. Un vaso sagrado que expone una hostia consagrada a los fieles para ser adorada dentro de la iglesia o durante una procesión, especialmente en la Procesión del Corpus.

Dalmática *(Dalmatic)*: Una como túnica de mangas anchas y abiertas; se lleva sobre la estola y es propia de los diáconos.

Domingo Gaudete *(Gaudete Sunday)*: Nombre del Tercer Domingo de Adviento, debido a que la antífona de entrada en latín inicia así: *Gaudete*, "regocíjense". Pueden usarse ornamentos color rosa en lugar de violetas.

Domingo Laetare *(Laetare Sunday)*: Nombre del Cuarto Domingo de Cuaresma, debido a que la antífona de entrada en latín inicia así; *Laetare Jerusalem*, "Alégrate Jerusalén". Pueden usarse ornamentos color rosa en lugar de violetas, y flores en la decoración del presbiterio.

Evangeliario *(Book of the Gospels)*: Libro que contiene las lecturas litúrgicas del evangelio. Se lleva en procesión y se coloca sobre el altar hasta el momento de proclamarlo desde el ambón. Se presenta a los diáconos en su ordenación y se coloca sobre las cabezas de los obispos en su ordenación.

Estola *(Stole)***:** Ornamento sagrado en forma de banda que los ministros ordenados portan. La banda tiene unas cinco pulgadas de ancho. Sacerdotes y obispos portan la estola al cuello con los extremos cayendo frente; los diáconos la llevan sobre el hombro izquierdo y abrochan los extremos de la banda a la cintura del lado derecho. Para la misa, la estola va debajo de la casulla o dalmática.

Fiesta *(Feast)***:** Rango litúrgico menor que la solemnidad y mayor a la memoria; no suelen tener Vísperas I, pero formularios propios para la misa.

Leccionario para la Misa *(Lectionary for Mass)***:** Libro que contiene las lecturas bíblicas proclamadas en la misa, incluidos los salmos responsoriales, para cada día del año. El leccionario aprobado para su uso en Estados Unidos se publica en varios volúmenes. Las lecturas del evangelio también están contenidas aparte en un Libro de los Evangelios.

Libro de los Evangelios *(Book of the Gospels)***:** También llamado evangelario, es el libro ritual a partir del cual se proclaman los pasajes de los evangelios prescritos para las misas de los domingos, solemnidades, fiestas del Señor y de los santos y misas rituales. Puede llevarse en la procesión de entrada y colocarse en el altar, y luego procesarse en el ambón durante la Aclamación del Evangelio.

Memoria *(Memorial)***:** Rango litúrgico menor que la fiesta y la solemnidad; hay obligatorias y opcionales. En las ferias de Cuaresma, de Adviento del 17 al 24 de diciembre y de la Octava de Navidad, todas las memorias son opcionales.

Memorial *(Memorial)***:** Traducción de la palabra griega *anamnesis*, que significa "recuerdo" o "memoria". En teología litúrgica, sin embargo, la anamnesis no se entiende como una ceremonia conmemorativa sino como la actualización de una realidad salvífica verificada en el pasado.

Misa exequial *(Funeral Mass)***:** Principal celebración litúrgica por un difunto. Comienza con el saludo en la entrada de la iglesia a los dolientes, aspersión del féretro con agua bendita y la imposición del palio bautismal sobre el féretro. La misa concluye con la recomendación final.

Navidad, Tiempo de *(Christmas Time)***:** Período del año litúrgico que comienza con la oración vespertina I de la Natividad del Señor y termina con la oración vespertina en la fiesta del Bautismo del Señor. Este tiempo litúrgico conmemora el nacimiento de Cristo y sus primeras manifestaciones.

Misal Romano *(Roman Missal)***:** Libro que contiene las oraciones, himnos y lecturas de las Escrituras prescritas por la Iglesia católica para la celebración de la misa. El misal actual, publicado en 1970 y actualmente en su tercera edición, se subdivide en varios libros: un libro de oraciones utilizado por el sacerdote, al que se le llama "el misal" aunque técnicamente el libro contiene sólo una parte del misal; el *Leccionario* contiene las lecturas bíblicas; el *Gradual*, himnos y antífonas.

Nártex *(Narthex)***:** Espacio vestibular o atrio perpendicular a la entrada de una iglesia. Algunos ritos litúrgicos pueden ocurrir allí, como los ritos de

Aceptación en el Orden de los Catecúmenos, de la recepción del infante para su bautismo y del féretro para las exequias.

Nave *(Nave)*: Cuerpo arquitectónico central de una iglesia, suele estar flanqueado por columnas sosteniendo otros cuerpos laterales; va de la entrada hasta el crucero, transepto o cancel que separa del altar. Quizá relacionada con la barca o nave, símbolo de la Iglesia.

Ordo *(Ordo)*: (1) Designa el orden u ordinario de la misa, especialmente usado para los ordines romanos, documentos que describían las primeras liturgias romanas; (2) calendario litúrgico anual detallado que indica qué celebraciones litúrgicas ocurren en qué días y qué textos pueden o deben usarse en la celebración de la misa y de la Liturgia de las Horas en un día específico.

Palia *(Pall)*: Tapa cuadrada, forrada con tela, para proteger el cáliz contra los insectos; también designa el velo que cubre el cáliz antes de llevarlo al altar (*Chalice Veil*). Palia se llama también al lienzo con que se cubre el ataúd durante la liturgia fúnebre, en recuerdo de la vestidura bautismal.

Palio *(Pallium)*: Especie de baldaquino o dosel sostenido por cuatro altas varas que se emplea para llevar en procesión al Santísimo. También designa la insignia pontificia que da el papa a los arzobispos metropolitanos y a algunos obispos; es como un ancho collar de lino blanco con cruces negras que descansa en los hombros y cae sobre el pecho.

Pascua, Tiempo de *(Easter Time)*: Período de cincuenta días de regocijo, desde la Vigilia Pascual hasta las Vísperas de Pentecostés, por la resurrección de Cristo.

Patena *(Paten)*: Platillo metálico donde el sacerdote coloca el pan eucarístico. Puede designar también un contenedor, platón o fuente donde son colocadas las hostias para su distribución. Se recomienda usar un solo recipiente para mostrar mejor la señal de la unidad en la comunión del sacrificio de Cristo. Ver *copón*.

Pentecostés *(Pentecost)*: El quincuagésimo o último día del tiempo pascual, el octavo domingo de Pascua. Pentecostés conmemora el descenso del Espíritu Santo sobre los discípulos como se narra en Hechos 2:1–12. La celebración de la Pascua concluye con la oración vespertina de Pentecostés y el tiempo ordinario se reanuda al día siguiente.

Presbiterio *(Sanctuary)*: Área frontal en la iglesia donde se encuentran la silla presidencial, el altar y el ambón, y en la que también se acomodan los lugares de los ministros principales. Suele ser algo elevado, en aras de su visibilidad. Debe distinguirse de las otras áreas de la iglesia al tiempo de integrarse bien con todo el espacio, para transmitir un sentido de armoniosa unidad. Presbiterio también se llama al conjunto de presbíteros.

Procesión *(Procession)*: Movimiento formal y ordenado de personas de un lugar a otro.

Purificador *(Purificator)*: Paño pequeño rectangular, absorbente, fácil de lavar y preferentemente blanco, que durante la comunión en la misa se usa para limpiar el cáliz, secándole el borde y, después de la misa, para secar todos los vasos sagrados durante el proceso de purificación. Suele doblársele en tercios a lo largo y luego por la mitad, dejando a la vista una cruz bordada.

Rúbrica *(Rubric)*: En libros litúrgicos, son las reglas, directrices e instrucciones impresas entre las oraciones u otros textos a pronunciar en un rito litúrgico. Algunas rúbricas son descriptivas y, por lo tanto, pueden adaptarse en determinadas situaciones; otras son prescriptivas y, por lo tanto, deben ejecutarse tal como están redactadas. Las instrucciones o "rúbricas" (del latín, *ruber*, que significa "rojo") se imprimen en tinta roja para distinguirlas de los textos que se han de leer en voz alta, los cuales se imprimen en negro.

Sacramental *(Sacramentals)*: Signos sagrados, que incluyen palabras, acciones y objetos que significan los efectos espirituales logrados a través de la intercesión de la Iglesia. En tanto que los sacramentos han sido instituidos por Cristo, los sacramentales han sido instituidos por la Iglesia. Son sacramentales bendiciones, medallas, estatuas y otras imágenes sagradas, palmas, agua bendita y muchas devociones, incluido el Rosario. Nos preparan para recibir el fruto de los sacramentos para santificar las diferentes circunstancias de la vida.

Sacristán *(Sacristan)*: Ministro litúrgico encargado de preparar todo lo necesario para las celebraciones litúrgicas, así de como limpiar y guardar las cosas después. A veces, sus deberes incluyen el cuidado de la sacristía, las vestimentas, las vasijas y el buen orden del espacio de culto. El ministerio del sacristán, junto con los de acólitos, músicos y ujieres, está reconocido en el *Book of Blessings*.

Sacristía *(Sacristía)*: Sala en la que se almacenan y preparan vestimentas y artículos para las liturgias de la Iglesia. Comúnmente es sala para revestirse con los ornamentos sagrados, aunque las iglesias y catedrales más grandes tienen, para ello, una sala separada, llamada *secretarium*.

Sagrario *(Tabernacle)*: Receptáculo inamovible y cerrado con llave, por lo general rectangular o circular, en el cual se reserva el Cuerpo de Cristo en la iglesia. Su material debe ser sólido y no transparente ni debe romperse fácilmente. Cerca se coloca la lámpara del Santísimo.

Santoral *(Santoral cycle)*: Conjunto de solemnidades, fiestas y memoriales de los santos que se celebran a lo largo del año litúrgico.

Solemnidad *(Solemnity)*: Rango litúrgico más alto que la fiesta y la memoria. Su celebración comienza con la oración de Vísperas (primeras) en el día previo. Algunas solemnidades también tienen su propia misa de vigilia, a celebrar caída la tarde del día anterior. Las dos mayores solemnidades son la Pascua y la Natividad del Señor, con su respectivas octavas. En las misas de las solemnidades, el Gloria y la profesión de fe están prescritos.

Te Deum *(Te Deum)*: Himno que comienza con las palabras "Tú eres Dios, te alabamos". Se reza al final del Oficio de Lecturas los domingos (excepto en

Cuaresma), durante las octavas de Pascua y Navidad, y en solemnidades y fiestas. También se canta al final de la misa de ordenación de un obispo mientras éste procesa a través de la asamblea para dar su bendición y en otras ocasiones alegres.

Tiempo Ordinario *(Ordinary Time)*: Temporada del año litúrgico que celebra el misterio de Cristo, sin enfatizar algún aspecto particular. Tiene dos períodos en el calendario; uno comienza el día siguiente a la fiesta del Bautismo del Señor y termina con el martes previo al Miércoles de Ceniza; el segundo va del día después de Pentecostés hasta las Vísperas primeras del Primer Domingo de Adviento. El término *ordinario* procede de *ordinal*, para indicar los títulos numerales dados a los domingos, como el Tercer Domingo del Tiempo Ordinario.

Triduo *(Triduum)*: Literalmente, "tres días". Así suele designarse el Triduo Pascual.

Oración universal *(Universal Prayer)*: Oración de intercesión pronunciada después del Credo en las misas de las solemnidades, o después de la homilía en los otros días; también se le conoce como Oración de los fieles, Peticiones o Intercesiones. Se compone de una introducción, intenciones y respuestas a las intenciones y una oración conclusiva.

Vela *(Candle)*: Candela de cera que tiene una llama viva. Para la misa, pueden usarse dos, cuatro o seis velas, y hasta siete, si el obispo diocesano la preside.

Vestimentas *(Vestments)*: Ropaje o vestiduras rituales y símbolos del oficio que usan los ministros en la liturgia. También se les llama *Ornamentos sagrados*. La vestidura de los ministros en el presbiterio es el alba, sobre la cual los ministros ordenados colocan una estola. En la celebración eucarística, obispos y sacerdotes usan una casulla sobre el alba y estola, y los diáconos una dalmática. Los ministros ordenados usan la capa pluvial, un ornamento amplio, similar a una capa, sobre un alba y estola para las liturgias solemnes fuera de la misa. Las capas también pueden usarse para las procesiones solemnes.

Vigilia *(Vigil)*: Servicio que se lleva a cabo la noche anterior al día real. La vigilia más grande y noble es la Vigilia Pascual. Algunas solemnidades tienen su Misa de la vigilia como la Epifanía, Pentecostés, la Natividad de san Juan Bautista, la Asunción de la Santísima Virgen María y la Natividad del Señor.

Oración de preparación para los ministros de ambientación litúrgica

Dios de bondad y misericordia,
tu generoso amor llena el mundo de cosas bellas,
y nos deja entrever el esplendor futuro.
Al preparar las decoraciones para este tiempo de ________,
envía tu Espíritu Santo
para que nos guíe y nos dé su gracia,
de manera que nuestro trabajo permita a tu pueblo santo
penetrar más plenamente en tu misterio.
Acepta los frutos del trabajo de nuestras manos.
Que nuestro trabajo, hecho con amor,
nos lleve más cerca de ti,
junto con tu pueblo, al que servimos.
Te lo pedimos por Cristo nuestro Señor. Amén.